Mit Découvertes ins dritte Jahr Französisch!

Französisch mit Methode!

In den Bänden 1 und 2 von Découvertes hast du viele **Lerntipps und Strategien** für das Grammatiklernen kennen gelernt. Welche davon hast du schon benutzt? Welche willst du in Zukunft einmal ausprobieren? Kreuze sie an! Schreibe dann auf, mit welcher Strategie du bisher am besten zurechtgekommen bist.

Grammatik	Schon ausprobiert!	Werde ich noch ausprobieren!
Grammatik regelmäßig **wiederholen**, einen Paragraphen nach dem anderen.		
Bei Übungen zur Grammatik im Grammatischen Beiheft **nachschlagen**.		
Ein **eigenes Grammatikheft** oder Karteikarten mit **selbst formulierten Regeln** und Beispielen anlegen.		
Beim Aufschreiben von Grammatikregeln verschiedene **Farben** verwenden (z. B. rot = wichtig / schwierig, …).		
Sich **gegenseitig** Grammatikregeln **erklären**.		
Sich **gegenseitig** Verben in allen bekannten Formen abfragen.		
Mit **Lernspielen** wie im Plateau Rentrée des Schülerbuches gezielt **individuelle Grammatikprobleme** angehen.		
Zusätzliche Grammatikübungen **spielerisch** im **Sprachtrainer** erarbeiten.		

Meine Erfolgsstrategie:

Wenn ich neuen Grammatikstoff lernen will, dann …

Du hast auch noch viele andere Tipps bekommen:

- wie man die wichtigsten Informationen beim Lesen eines Textes filtert;
- wie man sein Hörverstehen vor, während und nach dem Hören eines Textes schult;
- wie man Personen beschreibt;
- wie man vorgeht, wenn man einen eigenen Text schreiben möchte;
- wie man eine Fabel schreibt;
- wie man in einem zweisprachigen Wörterbuch nachschlägt;
- wie man Notizen zu einem Text macht und diese dann mündlich vorträgt;
- wie man französische Informationen zu einem Thema im Internet sucht.

Überlege dir, wie du dich in diesen Situationen verhältst und besprich deine Strategien dann mit deinen Klassenkameraden.

Was ich mir für die Zukunft vornehme

Notiere hier deine Ziele für Französisch im kommenden Schuljahr. Gibt es Bereiche, in denen du z. B. mehr üben willst (Hören, Lesen, Miteinander Sprechen, Schreiben, Aussprache)? Gibt es Dinge, die du über Frankreich erfahren möchtest? Was interessiert dich besonders?

In diesem Jahr möchte ich …

Un été en Normandie

1 **Qu'est-ce que tu as fait ce week-end?**

C'est le cours de français. Les élèves doivent écrire un texte sur leur week-end. Voilà l'histoire de Sonja.

a *Complétez avec le passé composé et soulignez (unterstreicht) les pronoms corrects.*

Ce week-end, je/j' _____ (ne rien faire) d'intéressant. Je/J' _____

d'abord _____ (dormir) jusqu'à dix heures. Puis, je/j' _____ (rester)

à la maison et je/j' _____ (ranger) ma chambre. Après, je/j' _____ (lire) un article

pour l'école, mais je/j' _____ (ne pas apprendre) mon vocabulaire pour le cours

d'allemand.

L'après-midi, mes deux sœurs _____ (aller) au cinéma et elles _____ (voir)

un film avec Audrey Tautou. Mon frère _____ (sortir) avec une copine. Mes parents _____

_____ (partir) à 16 heures pour faire un tour et ils _____ (rentrer) à 19 heures.

Alors, je/j' _____ (rester) seule et je/j' _____ (travailler)

pour le cours de maths. Le soir, je/j' _____ (regarder) un match de tennis

à la télé. Ça me / m' _____ beaucoup _____ (plaire). C'est Amélie Mauresmo[1]

qui _____ (gagner). Puis, je/j' _____ (aller) au lit

à 21 heures, mais je/j' _____ mal _____ (dormir). Je/J' _____ (rêver)

du cours d'allemand.

b *Comment est-ce que vous avez passé votre week-end. Racontez.*

_____

1 **Amélie Mauresmo** *französische Tennisspielerin*

2 **Tu connais la France? Un peu de géographie ...** → § 1

1

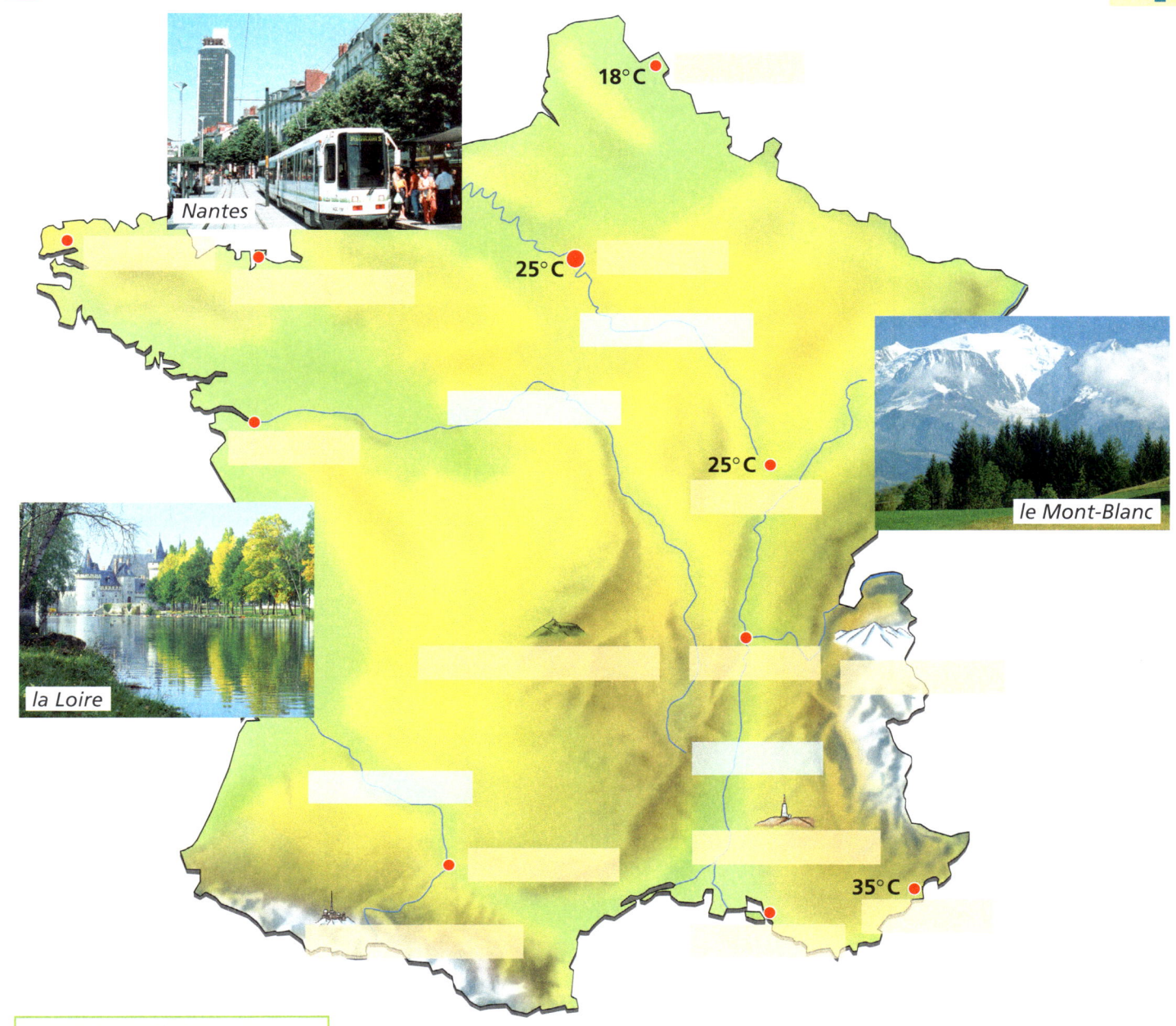

Nantes

le Mont-Blanc

la Loire

18°C

25°C

25°C

35°C

Nantes: 500.000 habitants[1]
Brest: 221.000 habitants
Saint-Malo: 52.700 habitants

le Mont-Blanc 4807 m
le pic du Midi 2877 m
le puy de Dôme 1464 m

la Loire 1010 km
le Rhône 812 km
la Garonne 575 km

Nice 35°C
Paris 25°C
Dijon 25°C
Lille 18°C

a *Comparez les villes, les montagnes, les fleuves[2] et le temps qu'il fait. Employez le comparatif et le superlatif. Ecrivez les solutions dans votre cahier.*

1. grand
Nantes – Brest
Saint-Malo – Brest
Saint-Malo – la ville (– –)
Nantes – la ville (++)

2. haut[3]
le Mont-Blanc – le pic du Midi
le puy de Dôme – le pic du Midi
le Mont-Blanc – la montagne (++)
le puy de Dôme – la montagne (– –)

3. long
la Garonne – la Loire
la Loire – le Rhône
la Garonne – le fleuve (– –)
la Loire – le fleuve (++)

4. faire chaud
à Nice – à Paris   à Nice (++)
à Lille – à Dijon   à Lille (– –)
à Paris – à Dijon

b *Cherchez les villes, les montagnes et les fleuves sur une carte de la France. Ecrivez leurs noms dans les petites cases (Kästchen) sur la carte.*

_____

1 un habitant/une habitante ein Einwohner/eine Einwohnerin – **2 un fleuve** ein Fluss – **3 haut/haute** hoch

3 **Les vacances commencent.** → §§ 3, 4

M. et Mme Legrand et leurs enfants, Louise, Amélie et Nicolas, ont passé leurs vacances à Fécamp.
Mais pour aller là-bas, ce n'était pas facile!

Regardez les dessins et racontez l'histoire. Utilisez l'imparfait ou le passé composé.

Commencez comme ça: *Exemple:* La famille Legrand était contente de partir. Il ...

– être content de partir
– faire beau
– mettre toutes les choses
  dans la voiture

– apporter un grand sac à dos
– mettre une télévision
  dans la voiture
– partir

– le voyage[1] être long
– perdre beaucoup de temps →
  des bouchons   – avoir soif / faim
– se disputer   – être énervé

– tout à coup: commencer à pleuvoir
– après Paris: un problème →
  un policier / arrêter la voiture
– rouler[2] trop vite

– peu après: ne pas trouver
  le chemin
– regarder la carte
– faire demi-tour

– enfin: arriver à Fécamp
– aller tout de suite à la plage
  pour se baigner
– installer la tente[3] / pas facile

– le soir: toute la famille devant la télé   – regarder un film sur la mer

_____
1 un voyage eine Reise – **2 rouler** fahren – **3 une tente** ein Zelt

4 Une histoire d'amour

a *Trouvez les mots et écrivez-les dans les cases. La solution est une chose importante dans la vie. Regardez dans votre dictionaire.*

1. On fait ça quand on est très triste:

2. On l'est quand on aime quelqu'un:

3. En allemand, on dit «Freund»:

4. On l'est quand on voit
   sa copine sortir avec un autre:

5. Quand on veut sortir ensemble,
   on se donne …

6. Un garçon et une fille qui se voient
   pour la première fois et voient
   tout de suite qu'ils s'aiment
   ont le …

7. Les gens qui ne sont pas d'accord
   font ça:

8. Un garçon qui fait tout pour plaire
   à une fille veut la …

9. C'est un jeune entre 12 et 18 ans:

10. C'est comme ça qu'une fille appelle
    un garçon qu'elle aime bien:

11. Quand on se rencontre, on fait la …

  b *Travaillez à deux. Utilisez les douze mots et écrivez une histoire. Employez des verbes au présent, à l'imparfait et au passé composé.*

5 Une dispute

Vous trouvez l'exercice à la page 83.

6 Ecouter: Une soirée entre amis

a *D'abord, écoutez tout le texte.
Puis, écoutez encore une fois la première partie
du texte et cochez la bonne réponse.*

1. Qui téléphone à Patrick?	Loïc Philippe Adrien	☐ ☐ ☐
2. Ils veulent aller …	au cinéma. au restaurant. au café.	☐ ☐ ☐

3. Patrick ne veut pas aller au cinéma …	parce qu'il n'y a pas de film intéressant. ☐	4. Ils ont rendez-vous …	à neuf heures. ☐
	parce qu'il fait trop chaud. ☐		à sept heures. ☐
	parce qu'il veut rester à la maison. ☐		à dix heures. ☐

b *Ecoutez la deuxième partie du texte et dites si c'est «vrai» ou «faux».*

	vrai	faux
1. L'ambiance est très bonne.	☐	☐
2. Il y a des jeunes et des vieux.	☐	☐
3. Patrick et Philippe rencontrent deux amis.	☐	☐
4. Ils ne veulent pas aller au Zéphire mais dans une discothèque[1].	☐	☐
5. Il y a un groupe techno hyper cool.	☐	☐
6. Les prix ne sont pas très chers.	☐	☐

c *Ecoutez la troisième partie du texte et répondez aux questions.*

1. Combien est-ce qu'il faut payer pour la disco? _____.

2. Pourquoi est-ce que c'est cher ce soir? _____.

3. Qui est Sophie? _____.

4. Pourquoi est-ce que Patrick parle à Sophie? _____.

5. Max, qui est-ce? _____.

7 Mon frère me snobe[2]

Salut Okapi!
J'entre bientôt en 6e dans le même collège que mon frère qui passe en 3e. Il m'aime bien, mais il m'a déjà annoncé qu'il ne voulait pas que je lui parle au collège. Pourquoi veut-il faire comme si on ne se connaissait pas?

Bruno, 11 ans, Melun (77)

Le matin, quand tu te lèves, ta mère dit peut-être:
– Lève-toi, mon Nono[3]! Et tu aimes ça. Mais si elle te demande devant tes copains: – Alors, mon Nono, comment était la journée?, tu ne vas pas être content.
5 Nous réservons certains aspects[4] de notre personnalité à nos parents, d'autres à nos amis. De temps en temps, nous gardons même une partie pour nous. Quand tu entres au collège, tu vas arriver dans le domaine[5] réservé de ton frère. Et ça l'énerve. Il veut protéger[6] ce
10 domaine. Sa réaction est normale. Entre tes nouveaux profs et tes nouveaux copains, tu ne vas pas avoir le temps de l'énerver. Reste avec tes copains et laisse-le tranquille[7]. Dis-lui: – Je ne vais pas venir t'énerver si tu ne viens pas jouer au grand frère devant mes copains! Il
15 va vite comprendre: le collège est assez grand. Chacun[8] peut avoir son «domaine réservé».

François

© Okapi, Bayard Jeunesse, 2004. *Illustration de Mauro Mazzari.*

1 une disco(thèque) eine Disko(thek) – **2 snober qn** jdn. von oben herab behandeln – **3 Nono** *Kosename für Bruno* – **4 un aspect** ein Aspekt – **5 un domaine** ein Bereich – **6 protéger** schützen – **7 tranquille** ruhig – **8 chacun / chacune** jeder / jede / jedes

a *Lisez le texte et choisissez la bonne réponse.*

	A	B	C
Bruno écrit à *Okapi* …	… parce que son frère ne l'aime pas.	… parce que son frère ne veut pas lui parler au collège.	… parce qu'il ne veut pas parler à son frère au collège.
François est d'avis …	que Bruno ne doit pas énerver son frère.	que Bruno doit parler à son frère.	que Bruno doit chercher un autre collège.
	que le frère de Bruno veut protéger ses amis.	que le frère de Bruno veut protéger son frère.	que le frère de Bruno veut protéger son domaine au collège.
	que le collège n'est pas assez grand pour les deux.	que le collège est assez grand pour les deux.	que chacun ne peut pas avoir son domaine réservé au collège.

Trois filles ont donné leur avis à *Okapi*.

– Je pense que ton frère a peur de la réaction de ses copains. Quand mon frère est allé en 6ᵉ et quand il venait me voir devant mes copines, ça m'énervait. Après, je n'étais pas contente de ma réaction. Comme grand frère, il doit te dire qu'il sera là si tu as vraiment besoin de lui.

Claire, 14 ans, Puy-de-Dôme

– Ton frère a peut-être vu les petits frères de ses amis qui venaient toujours leur demander conseil. Ne fais pas la même chose avec lui.

Camille, 12 ans, Auvergne

– Comme ton frère, l'an prochain, j'entre en 3ᵉ et ma sœur en 6ᵉᵐᵉ. Si elle entrait dans ma vie au collège, je n'aimerais pas ça. Ce n'est pas parce que je ne l'aime pas, mais parce que je veux garder ma vie comme avant. C'est comme ça pour ton frère.

Sophie, 13 ans, Genève

b *Qui a exprimé (hat geäußert) cet avis?*

1. Sa sœur ne devait pas entrer dans sa vie à l'école.   C'est _____.

2. Le grand frère doit aider Bruno quand il a des problèmes.   C'est _____.

3. A son avis, les grands frères n'aiment pas les petits frères qui sont au même collège et qui n'arrêtent pas de leur poser des questions.   C'est _____.

c *Quel est votre avis? Ecrivez un petit texte de cinq à six phrases à Okapi.*

_____

_____

_____

_____

_____

_____

8 **Lire: Le facteur**[1]

a *Lisez le texte.*

Tous les jours, j'attends le facteur. Il y a des jours où il s'arrête chez
les voisins, mais jamais devant ma porte.
Voilà des années qu'il n'a rien pour moi, pas une seule lettre, pas de carte, rien.
Alors, j'ai décidé[2] de m'écrire une lettre pour connaître, moi aussi, la joie
5   de recevoir du courrier[3]. Mais, malheureusement[4], elle s'est perdue.
C'était surtout malheureux parce que je m'annonçais de bonnes nouvelles.
J'ai bien pensé m'en envoyer une autre, mais, pour gagner du temps,
j'ai préféré me téléphoner. C'était sans arrêt occupé[5].
J'ai composé mon numéro plus de cent fois, mais j'étais toujours en ligne.
10 Si je m'appelle aux heures creuses, la nuit, par exemple, j'ai plus de chance
de pouvoir répondre, mais je déteste être réveillé[6] par la sonnerie[7] du
téléphone. Je pense que je vais être obligé de me rendre visite si je veux enfin
connaître les raisons[8] pourquoi je n'arrive pas à entrer en communication avec
moi. Mais là, attention! Je vais m'écrire pour me demander un rendez-vous.

© *Extrait de: Le fil à retordre de Claude Bourgeyx, Editions Nathan, 1991*

*Vous n'avez pas compris tous les mots, mais vous avez pu comprendre le texte
par le contexte (inhaltlicher Zusammenhang) parce que vous connaissez un mot
de la même famille ou d'une autre langue.*

1. Trouvez des synonymes pour:

la joie (4) – _____; composer le numéro (9) – _____

j'étais toujours en ligne (9) – _____

être obligé de faire quelque chose (12) – _____

entrer en communication avec qn (13) – _____

2. Trouvez les mots de la même famille (Wortfamilie):

la sonnerie (11) – _____; rendre visite à qn (12) – _____

3. Traduisez en allemand:

la lettre s'est perdue (5) – _____

les heures creuses (10) – _____

b *Répondez aux questions.*

1. Comment est-ce que la personne qui parle veut communiquer? Avec qui?
2. Pourquoi est-ce qu'elle a des problèmes à entrer en communication?

c A vous.

Travaillez à deux et choisissez un des sujets suivants:

*1. Imaginez le portrait de la personne qui parle. Donnez-lui un nom,
   parlez de son âge, de sa situation etc.*
2. Un jour, le téléphone sonne. Qui appelle? Ecrivez le dialogue.
3. Un jour, la personne reçoit une lettre. Qui a écrit? Ecrivez cette lettre.

---

1 un facteur / une factrice ein Briefträger / eine Briefträgerin – **2 décider qc** etw. beschließen – **3 le courrier** die Post –
4 malheureusement leider – **5 occupé / occupée** besetzt – **6 être réveillé(e)** aufgeweckt werden – **7 une sonnerie**
ein Klingeln – **8 une raison** ein Grund

9 **Savoir faire: Marie de la mer**

Lisez le texte et servez-vous (bedient euch) d'un dictionnaire.

Nous avons vu de loin les vagues sur la plage. Nous allions courir vers elles, mais papa a dit non. Alors, nous avons marché sur la plage au rythme des pas de mon père. Quand lui faisait un pas, nous en faisions deux. Chacune lui tenait une main[1]. Moi, la droite. Je tiens toujours la droite.

5

Le sable blanc collait à nos chaussures. Sur l'eau verte tombait une petite pluie fine[2]. Sur nous aussi. Sur la plage il n'y avait que nous. Nous seuls sur cette plage immense. C'est alors qu'on a vu cette masse sombre[3].

10 Moi, j'ai cru que c'était des algues. On s'est approchés. Un bras se montrait dessous une tache noire[4]. C'était un manteau. Papa nous a dit de rester là. Puis, il a avancé lentement[5]. Il avait au moins aussi peur que nous. Laure s'est serrée[6] contre moi. On a vu papa se baisser et pousser des choses claires. C'étaient des cheveux. Il a regardé longtemps, puis
15 il a pris le tas humide[7] et l'a porté vers nous. On a vu que c'était une femme.

C'est comme ça que Marie est entrée dans notre vie …

© Extrait de: Nadine Brun Cosme, Marie de la mer.
Illustrateur: Yan Nascimbene.

Relisez la stratégie à la page 18 de votre livre. Répondez aux questions suivantes.
Ecrivez pour chaque question dix phrases dans votre cahier.

1. *Imaginez l'histoire de Marie. Pourquoi, à votre avis, est-ce qu'on l'a retrouvée sur la plage?*

2. *Comment continue l'histoire? Racontez au passé et respectez la perspective du texte. C'est une des filles qui raconte.*

10 **Auto-contrôle 1 : Avec qui aller à la fête?** → § 1

Vous trouvez les solutions de cet exercice à la page 95.

Arnaud

Patrick

David

Sophie est une très belle fille. Il y a trois garçons de sa classe qui sont amoureux d'elle, mais avec qui est-ce qu'elle va aller à la fête du collège? Elle réfléchit.

———
1 tenir la main à qn jdn. bei der Hand halten – **2 une pluie fine** ein Nieselregen – **3 une masse sombre** eine dunkle Masse –
4 une tache noire ein schwarzer Fleck – **5 avancer lentement** sich langsam nähern – **6 se serrer contre qn**
sich an jdn. schmiegen – **7 un tas humide** ein feuchter Haufen

a *Complétez le texte. Utilisez le comparatif «+ / – » et le superlatif «++ / – –».*
Attention à la place de l'adjectif au superlatif! Ajoutez «que», si nécessaire.

1. Tous les trois sont très sympas. Arnaud est _____ (+ sportif) les deux autres,

mais je suis _____ lui (+ grand). 2. Et moi, j'aime le sport: Je suis la

_____ fille _____ de la classe (++ sportif). 3. Arnaud

est _____ élève (++ bon), c'est vrai, (il m'aide souvent à faire mes devoirs),

mais il est _____ David et Patrick (– drôle). Et moi, j'aime rigoler! 4. Patrick

est le _____ garçon _____ (++ cool), mais il est aussi

_____ (– – beau). 5. Il est _____ Arnaud (– petit) et il est

_____ (+ fort). 6. Patrick est _____

David (= grand), et les deux sont _____ Arnaud (+ fou), c'est

bien! 7. Mais ils sont _____ moi (+ jeune). 8. Patrick est

_____ élève _____ (– – bon), mais c'est

_____ (++ rebelle) et peut- être _____

(++ gentil). Alors, que faire?

b A vous.

Avec qui est-ce que Sophie va aller à la fête? Dites pourquoi. Ecrivez six phrases.

11 Auto-contrôle 2: Une mauvaise journée → §§ 3, 4

Utilisez les mots indiqués et racontez comment elle a passé la soirée au passé composé ou à l'imparfait.
Vous trouvez les solutions de cet exercice à la page 95.

Hier, Anne n'avait vraiment pas de chance. Tout allait mal. Il y a des journées comme ça!

1. hier soir – être seul à la maison – ne pas savoir quoi faire – alors – prendre son vélo – aller au cinéma

Hier soir, elle était seule _____

_____.

2. beaucoup de gens – attendre déjà devant le cinéma – falloir attendre longtemps

_____

_____.

3. à la caisse – voir – ne pas avoir son porte-monnaie – une dame – une voisine – lui donner l'argent pour le billet

_____

_____.

4. comme – être très fatigué – ne pas voir beaucoup du film – même dormir un peu

_____

_____.

5. quand – sortir du cinéma – voir– le vélo ne plus être là

_____

_____.

6. en colère – devoir rentrer en bus _____.

7. être – vraiment – une mauvaise journée _____.

LEÇON 2

Découvrir la Bourgogne

1 **Jouer à Tarzan et Jane à Messigny.** → §§ 4, 5

Le 14 octobre, la 8e B est allée à Messigny.

Racontez la petite aventure à la place de Philippe et écrivez-la dans votre cahier.
Utilisez le passé composé, l'imparfait et le plus-que-parfait.

Exemple: 1. _Quand nous avons quitté l'auberge, le car attendait déjà. Nous ..._ *Continuez.*

1. Quitter – auberge – car – attendre. Monter vite – mais – ne pas pouvoir partir tout de suite Florian – oublier son sac.

2. 10.05 heures – enfin arriver à Messigny. Mme Fritz – acheter – tickets.

3. Prendre – casques et cordes – et – entrer. Mme Fritz – ne pas venir avec nous.

4. Tout de suite – monter – arbres – et – faire – parcours. Ce – être méga chouette!

5. Tout à coup – quelqu'un crier. Ce – être Lukas – qui – perdre – équilibre[1] et casque! Jan et Marc – l'aider.

6. A midi – quitter – parc. Manger – sandwichs – que – cuisinier – préparer. Avoir – très faim!

2 **L'anniversaire de Sophie** → § 6

Complétez le texte. Utilisez «ce que, ce qui, que, qui, qu'».

Laure: Maman! Sophie, _____ est nouvelle dans ma classe, a son anniversaire demain. C'est une

fille _____ j'aime bien. Elle m'a invitée. J'aimerais lui faire un cadeau. Tu sais _____

peut lui plaire. Tu peux m'aider, car je me demande _____ je peux lui donner. J'ai une idée:

un CD de Carla Bruni _____ tu peux acheter dans le magasin près d'ici. Mamie m'a donné de

l'argent, _____ je trouve très sympa. Ah, je peux aussi lui acheter les chocolats _____

elle aime beaucoup! Qu'est-ce que tu penses?

————
1 l'équilibre *(m.)* das Gleichgewicht

3 **Voyage en Gaule**[1] → §§ 6, 7, 8

*Trouvez les bonnes solutions et soulignez-les. Puis, écrivez les lettres dans cet ordre,
à la fin de la phrase 10 et voilà la solution. Si vous avez travaillé correctement,
vous apprenez le nom d'un Romain*[2] *connu.*

1. *Le guide:* Bienvenue à l'Archéodrome! Vous venez de Mayence, une ville *dans laquelle (J)/
dont (C)/ à laquelle (D) on trouve encore des traces des Romains, non? Aujourd'hui,
vous allez donc découvrir avec moi la vie en Gaule, donc en France à l'époque[3] des Romains!
Et surtout, dites-moi si vous ne comprenez pas *ce qui (I)/ ce que (U)/ dont (O)* je dis, d'accord?
Voilà deux, … trois Gaulois[4] *pour lesquelles (F)/ duquels (B)/ dont (L)* vous connaissez
sûrement les noms …

2. *Thomas:* Oui! Ce sont Astérix et Obélix avec Idéfix. Ils habitent un petit village
auquel (A)/ dans lequel (E)/ sur lequel (O) il y a souvent des disputes …

3. *Lukas:* **Ce qui (S)/ Ce que (B)/ Dont (G)** me plaît, c'est quand ils se battent[5] avec les Romains.

4. *Isabella:* Et moi, j'aime le petit chien Idéfix *avec lequel (B)/ pour lequel (L)/
sans lequel (C)* Obélix ne sort jamais!

5. *Le guide:* Bravo! Alors, nous aussi, nous sommes à cette époque, une époque
pendant laquelle (É)/ dans laquelle (A)/ à laquelle (I) les Romains ont des problèmes avec
les Gaulois. C'est la raison *pour laquelle (S)/ sans laquelle (M)/ avec laquelle (T)* ils ont
construit des fortifications. Regardez ces murs et ces tours!

6. *Bettina:* Pardon, monsieur, je n'ai pas compris *ce qui (È)/ ce qu' (A)/ dont (O)* ils ont construit.

7. *Mme Fritz:* Des «fortifications», Bettina, en allemand «Befestigungsanlagen».

8. *Le guide:* Bon, suivez-moi. Maintenant, on va visiter une maison romaine *à laquelle (L)/
avec laquelle (N)/ dans laquelle (R)* on va faire aussi des crêpes.

9. *Fabian:* Des crêpes?

10. *Le guide:* Oui, des vraies crêpes romaines comme à l'époque de

_____ .
1 2 3 4 5   6 7 8 9 10

1 la Gaule Gallien – **2 un Romain** / **une Romaine** ein Römer / eine Römerin – **3 une époque** ein Zeitalter, eine Epoche –
4 un Gaulois / **une Gauloise** ein Gallier / eine Gallierin – **5 se battre avec qn** mit jdm. kämpfen

4 Sur les routes des voyages

a *Regardez bien ces deux dessins. Trouvez les mots qui vont avec les numéros.*

Les vacances

Exemple: 1. <u>l a</u>   <u>m e r</u>

2. __ __   __ l __ __ __
3. __ __   __ a __ __ __
4. __ __   __ __ __   __   __ __ s
5. __ __   __ o __ __ __ __ __ __
6. __ __ __   __ __ __ __ __ __ __ __
   __ __   s __ __ __ __ __
7. __ __   __ __ __ p __ __ __
8. __ __   __ __ __ t

Les moyens de transport

1. __ __   __ __ __ i __ __
2. __ __ __
   __ __ t __ __ __ __ __ __ __
3. __ __   __ v __ __ __
4. __ __ __   __ __ r
5. __ __   __ __ __ __ __ __ u
6. __ __   __ r __ __ __
7. __ __ __   __ __ i __ __ __ __
8. __ __ __   __ é __ __

 b *Où est-ce que vous voulez partir en vacances?*
Ecrivez cinq phrases dans votre cahier.

---

1 **un moyen de transport** ein Verkehrsmittel

5 Partir? Et pourquoi pas rester?

Julien a un problème. Il en discute avec Amélie, Nicolas, Zoé et Djamel sur Internet.

a *Lisez leur dialogue.*

Salut, je m'appelle Julien et j'en ai marre des voyages. Je déteste ça, mais mes parents pensent toujours que je dois partir avec eux. Pour eux, on prend toujours le train ou l'avion pour aller loin, très loin même! Moi, j'ai envie de rester avec mes copains. J'habite dans une ville super, à Dijon, mais je n'ai jamais le temps de la visiter.
Qu'est-ce que vous en pensez?

La réponse d'Amélie:

– Salut Julien! Je ne te comprends pas du tout. Tu as beaucoup de chance de faire des voyages. Moi, je n'ai jamais pris l'avion et je n'ai jamais quitté la France. C'est super de pouvoir découvrir des pays et des gens différents.

Amélie

La réponse de Nicolas:

– Bonjour Julien. Moi, j'adore les voyages, mais sans mes parents. Alors, j'imagine bien ton problème. Quand on a 14 ou 15 ans, on a besoin de vivre sa vie. Avec un de mes copains, je vais partir, mais on ne sait pas encore où.

Nicolas

La réponse de Zoé:

– D'accord avec toi, Julien. Aujourd'hui, tout le monde voyage[1]. Alors, pourquoi partir? C'est la question. Les gens visitent deux musées, une église et puis, ils disent: «J'ai vu ce pays, cet autre pays, encore un autre.» Moi, je trouve ça super nul.

Zoé

La réponse de Djamel:

– Salut, je voudrais bien partir avec mes parents en Algérie[2]. Je ne suis jamais allé dans leur pays. C'est un peu mon pays aussi. J'y pense souvent. J'aime bien aussi voyager dans ma tête. J'invente des histoires et je lis aussi beaucoup de romans.

Djamel

b *Lisez ces phrases et cochez la bonne réponse: «vrai, faux, on ne sait pas».*

	vrai	faux	On ne sait pas.
1. Amélie voudrait avoir des parents comme les parents de Julien.			x
2. Zoé n'est pas d'accord avec Julien.			
3. Nicolas n'aime pas voyager avec les parents.			
4. Pour Djamel, lire aussi, c'est voyager.			
5. Amélie et Nicolas adorent les voyages.			
6. Zoé et Djamel ne veulent pas voyager.			
7. Amélie veut voyager pour rencontrer des gens comme elle.			
8. Djamel rêve de faire des voyages avec ses parents.			
9. Djamel va souvent en Algérie.			
10. Nicolas a déjà organisé son voyage.			

 c *Et vous? Qu'est-ce que vous en pensez? Ecrivez une réponse de six phrases à Julien dans votre cahier.*

---

1 voyager verreisen – **2 l'Algérie** *(f.)* Algerien

6 Ecrire: La Bourgogne, je la connais!

a *Lisez encore une fois le texte de la leçon et regardez toutes les photos de la Bourgogne. Remplissez la fiche (Füllt den Zettel aus) sur la Bourgogne.*

La Bourgogne

Géographie: _____

_____

Capitale: _____

Ce qu'il faut visiter:

_____

_____

_____

_____

_____

Spécialités de la région:

_____

_____

_____

_____

Personnages connus et inventions[1]:

_____

_____

_____

_____

_____

b *Faites une affiche sur la Bourgogne. Vous trouvez d'autres informations sur le site (Internetseite)*
http://www.bourgogne-tourisme.com.
Trouvez des slogans (Werbesprüche) et n'oubliez pas les illustrations (Abbildungen).

1 **une invention** eine Erfindung

2

7 Faisons des crêpes romaines!

Les élèves ont préparé et mangé des crêpes romaines. La recette est facile.

a *Regardez les dessins et expliquez comment on fait les crêpes.*
Les mots sous les dessins peuvent vous aider. Ecrivez dans votre cahier.

Exemple: <u>1. D'abord, il faut mélanger 250 g de farine et 2 œufs. 2. Puis, on …</u>

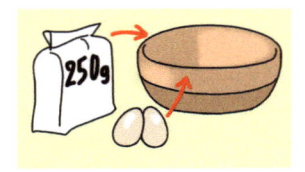

1. Mélanger[1] 250 g
   de farine et …

2. Ajouter …
   une pincée[2] …

3. Ajouter …, mélanger
   tout et laisser
   reposer[3] …

4. Mélanger dans une
   casserole[4] … jus de
   raisin[5] avec … cuillères[6]
   de miel[7].

5. Chauffer[8] …

6. … les fruits dans …

7. Mettre le jus chaud
   sur …

8. Faire les crêpes …

9. … et les servir[9] avec
   les fruits au miel.

b *Expliquez la recette en allemand à un copain ou une copine qui ne parle pas français.*

 8 Où suis-je?

 Vous trouvez l'exercice à la page 84.

 9 Ecouter: Les publicités à la radio

Ecoutez deux fois les six publicités et cochez la bonne réponse.

1. Bienvenue à Fécamp!	☒	C'est une route.	☐	C'est à l'est de Paris.	☐	On y va avec sa famille.	☐
Montauban!	☐	une ville.	☐	à l'ouest de Paris.	☐	sans les enfants.	☐
Paris!	☐	un magasin.	☐	au sud de Paris.	☐	seul.	☐
2. On vous attend à «La vie rose».	☐	C'est un hôtel.	☐	A Paris, il se trouve à l'est.	☐	On y va avec sa famille.	☐
«C'est la vie».	☐	une auberge de jeunesse.	☐	sur la place de la République.	☐	à deux.	☐
«La vie en rose».	☐	une librairie.	☐	dans le musée Picasso.	☐	et on est content.	☐
3. Venez découvrir «L'Escargot de Bourgogne»!	☐	C'est un restaurant.	☐	C'est pour des gens qui détestent les escargots.	☐	Vous allez à la campagne.	☐
de Boulogne»!	☐	un magasin.	☐	ont une petite faim.	☐	au centre-ville.	☐
de Dijon»!	☐	une église.	☐	cherchent une auberge de jeunesse.	☐	à la montagne.	☐

---

1 mélanger qc etw. mischen – **2 une pincée** eine Prise – **3 laisser reposer qc** etw. ruhen lassen – **4 une casserole** ein Topf –
5 un raisin eine Traube – **6 une cuillère** ein Löffel – **7 le miel** der Honig – **8 chauffer qc** etw. erhitzen – **9 servir qc**
etw. servieren

4. «Chez nous», c'est dans le sud de la France. ☐ en Minuit-Pyrénées. ☐ en Midi-Pyrénées. ☐	C'est une région. ☐ une station-service. ☐ une autoroute. ☐	C'est dans le sud-est. ☐ le sud des Pyrénées. ☐ dans le sud-ouest. ☐	C'est pour des gens qui ont besoin de nature. ☐ aiment la ville. ☐ qui détestent le ski. ☐
5. Vous allez tout de suite au bon office. ☐ à l'office de tourisme de Beaune. ☐ à l'office de tourisme de Bourgogne. ☐	C'est là où on mange des crêpes. ☐ donne des informations. ☐ réserve[1] une chambre. ☐	L'adresse, c'est 1 rue Notre-Dame. ☐ 1 rue de l'Hôtel Dieu. ☐ 1 rue de l'Hôtel de ville. ☐	C'est pour des gens qui aiment chercher pendant des heures. ☐ aiment marcher. ☐ veulent trouver tout de suite. ☐
6. Ne manquez pas le musée Nicéphore Niepce. ☐ des forêts. ☐ du tennis. ☐	C'est à 20 km de Beaune. ☐ 30 km de Beaune. ☐ 40 km de Beaune. ☐	C'est au sud de Beaune. ☐ au nord de Beaune. ☐ à l'ouest de Beaune. ☐	C'est pour des gens qui vendent des photos. ☐ aiment la photo. ☐ inventent la photo. ☐

10 **Savoir faire: Ecrire un article pour un journal de bord**

Jonas a pris des notes en allemand. Maintenant, il doit écrire son article en français.

Regardez encore une fois la stratégie à la page 28 de votre livre.
Mettez-vous à la place de Jonas et racontez la journée. Ecrivez dans votre cahier.

- 15. Oktober: 8.00 Uhr – Frühstück – Nicht genug geschlafen!
- 9.00 Uhr – Abfahrt nach Auxerre in Nordburgund
- Zwischenstop in Semur-en-Auxois – kleine mittelalterliche Stadt! Supernett, gefällt mir! Im Laden Postkarten und Johannisbeerbonbons gekauft
- Mittag: Picknick neben ca. 100 weißen Kühen – Die Mädchen klauen mir meine Bonbons und essen sie alle auf!
- Weiterfahrt nach Auxerre – Im Bus ist den Mädchen schlecht – Das war es dann wohl!
- Ankunft in Auxerre – Stadtrundgang und Besichtigung der Kathedrale (la cathédrale) – schön!
- 19.00 Uhr – wieder zurück in der Jugendherberge – müde und hungrig!

11 **Au secours! Je ne sais plus rien!**

a *Travaillez à deux! Ajoutez les pronoms relatifs «qui, que, qu' et où»*
et trouvez les mots qui correspondent aux définitions.

Exemple: 1. L'animal __qui__ donne du lait.

→ __la vache__

2. La chose _____ on met sur la tête quand

on fait de l'escalade. → _____

3. L'expression _____ veut dire qu'on tombe

tout de suite amoureux de qn.

→ _____

4. La personne _____ fait un film.

→ _____

5. La chose _____ on porte sur le nez quand

il fait très beau. → _____

_____

6. Une grande voiture _____ on peut dormir

pendant les vacances. → _____

7. C'est là _____ on va pour acheter du pain.

→ _____

8. La chose _____ on entend quand il y a un orage.

→ _____

b *Inventez d'autres définitions et jouez en classe. Comme ça,*
vous pouvez aussi réviser (wiederholen) le vocabulaire!

---

1 réserver qc etwas reservieren

c *Essayez d'expliquer ces mots en français.*

Exemple: <u>ausschlafen ~ dormir par exemple jusqu'à 10 heures / le plus de temps possible le matin</u>

_____	_____	_____	_____
_____	_____	_____	_____
_____	_____	_____	_____
_____	_____	_____	_____

d *Cherchez la bonne traduction dans un dictionnaire.*

12 Auto-contrôle: Si les profs savaient …! → §§ 4, 5

Complétez avec les verbes au passé: «passé composé, imparfait, plus-que-parfait».

Vous trouvez les solutions de cet exercice à la page 95.

Marco raconte: Le 12 octobre au petit déjeuner, on nous _____ (annoncer) l'arrivée[1] d'une classe

française qui _____ (venir) déjà l'an dernier. Le soir, quand nous _____

(rentrer) de notre excursion, c' _____ (être) le pied! Les élèves français _____ (avoir) notre âge

et ils _____ (être) déjà à table. On _____ (rigoler) bien ensemble. Florian _____ (vouloir)

expliquer à sa voisine où nous _____ (aller) et ce que nous _____ (visiter) ce jour-là.

Elle _____ (ne rien comprendre)! Thomas _____ (parler) toujours

de sa corres Carole qui _____ (venir) avec nous au musée de Chalon-sur-Saône, et Jan

_____ (commencer) à draguer les Françaises. Après le repas, nous _____ (être)

tous d'accord: Nous _____ (vouloir) inviter la classe française à une «fête en pyjama[2]».

Alors, Julia _____ (écrire) des petits papiers: «Rendez-vous à minuit; chambre 12! Nous avons tout

ce qu'il faut!» Lukas et Robin _____ (mettre) nos messages sous les portes et nous

_____ (attendre) dans la chambre de Bettina. Minuit moins une!

On _____ (frapper[3]) à la porte et Bettina _____ (ouvrir), mais …

c' _____ (être) Mme Fritz et le prof français. Lukas et Robin, ces nouilles, _____

(passer) nos messages aussi sous les portes des profs. … Bravo et bonne nuit!

_____

1 une arrivée eine Ankunft – **2 une fête en pyjama** eine Pyjamaparty – **3 frapper** klopfen

LEÇON 3

Un clown au collège

1 Ma première journée au collège

Mettez les adjectifs à la bonne forme et à la bonne place.

1. C'était une ___belle___ journée _____ d'automne, ma _____

journée _____ au collège. 2. Je suis arrivée dans la _____ cour

_____ avec ma _____ copine _____. Il y avait déjà

beaucoup d'élèves. 3. Le collège, c'est un _____ bâtiment[1] _____

avec des _____ salles de classe _____. 4. Mais j'étais

_____ d'être enfin au collège. 5. Les copains de classe étaient _____.

Il y avait des élèves _____, _____ et

_____. 6. Il y avait même une _____ fille _____.

7. J'étais à côté d'un _____ garçon _____. 8. Il portait

un _____ pantalon _____ et un _____ t-shirt

_____. 9. C'était un _____ garçon _____.

Il ne parlait pas. 10. Je le trouvais _____, mais je ne savais pas comment

lui parler. 11. C'est lui qui a commencé et qui m'a dit: «Je viens de Roumanie[3],

c'est un _____ pays _____. J'ai deux _____ frères

_____ et une _____ sœur _____ …» Il a raconté

des _____ histoires _____ de sa famille. 12. Peut-être qu'il

va être un _____ ami _____ …

	beau – premier
	grand
	meilleur
	vieux
	triste
	content – sympa
	italien – espagnol
	algérien – vietnamien[2]
	bizarre
	trop court – vieux
	marron – très timide
	sympa
	beau
	plus grand – plus jeune
	intéressant
	bon

_____
1 un bâtiment ein Gebäude – **2 vietnamien / vietnamienne** vietnamesisch – **3 la Roumanie** Rumänien

2 **Lire et écrire: Premier amour**

a *Lisez le texte.*

8 septembre	Il y a une nouvelle élève dans notre classe. Elle s'appelle Sylvie. Mme Delibes lui a dit de s'asseoir[1] à côté de moi.
17 septembre	Sylvie m'a donné une gomme. Je lui ai donné mon stylo à plume[2].
8 octobre	Sylvie est malade. Je vais aller chez elle pour lui porter les devoirs.
5 13 octobre	Sylvie est revenue ce matin. Après la classe, je l'ai raccompagnée[3] jusque chez elle.
2 décembre	J'ai écrit un poème pour Sylvie. Je l'ai jeté[4].
29 décembre	Vacances. Elle me manque.
17 janvier	Sylvie ne veut plus que je la raccompagne après la classe.
18 janvier	Je l'ai vue à la bibliothèque. Elle parlait à Rocco.
10 20 janvier	J'ai écrit à Sylvie.
21 janvier	Elle a demandé à changer de place. Elle est au premier rang[5] maintenant.
30 juin	Je l'aime toujours …

Tiré de Bernard Friot: Histoires pressées,
© Editions Milan, Toulouse

b *Mettez-vous à la place de Sylvie et racontez l'histoire.*

c *A votre avis, pourquoi est-ce que Sylvie ne veut plus que le copain/ la copine la raccompagne après les cours?*

d *Ecrivez dans votre cahier:*
• *la lettre du 20 janvier et mettez-vous à la place du «je» ou*
• *ce qui s'est passé entre le 21 janvier et le 30 juin.*
Utilisez la première personne du singulier.

3 **Une belle robe, mais malheureusement trop chère** → §§ 9, 10

Adjectif ou adverbe? Complétez les phrases.

beau – bête – tranquille   malheureux – beau – blanc – sûr   beau – gratuit

1. Elle est _____belle_____, ta
   voiture, mais ne sois[6] pas
   bête et conduis
   tranquillement .

2. _Malheureusement_
   nous n'avons plus la robe que
   vous cherchez, mais regardez
   ce _belle_ pantalon
   blanche blanc , il va
   sûrement vous plaire.

3. Si vous prenez ces deux
   beaux pulls,
   vous aurez le troisième pull
   gratuitement .

---

1 s'asseoir sich setzen – **2 un stylo à plume** ein Federhalter – **3 raccompagner qn** jdn. (zurück)begleiten – **4 jeter qc** *(hier)* etw. wegwerfen – **5 le premier rang** die erste Reihe – **6 sois** *Imperativ Singular von être*

bon – intéressant

malade – complet

timide – pratique

4. Si vous travaillez _bien_ , on va faire une excursion _intéressante_ .

5. J'ai été _malade_ . J'ai _complètement_ oublié de faire mes devoirs.

6. Quand on est _timide_ comme toi, c'est _pratiquement_ impossible[1] de trouver un ami.

libre – gratuit

mauvais – malade – final[2]

triste – prochain

7. Vous pouvez choisir _librement_ , tous les vols sont _gratuits_ aujourd'hui.

8. Ça va très _mauvais_. Je suis _malade_ depuis trois semaines. _Finalement_ , je ne vais pas pouvoir faire ce voyage.

9. Ne sois pas _triste_ , Christine. Tu sais bien, elle va revenir _prochainement_ .

4 **Une visite surprise** → §§ 10, 11

Formez des phrases et faites attention à la place des adverbes. Ecrivez le texte dans votre cahier.

1. dans notre cours de maths – aujourd'hui – est venu – l'inspecteur[3]
2. savoir – il – si – M. Lupol – ses cours – voulait – correctement – donnait
3. M. Lupol – des histoires drôles – raconte – nous – normalement
4. malheureusement – aujourd'hui – mais – des questions trop difficiles – nous – il – a posé
5. répondre – pratiquement – nous – alors – correctement – n'avons – pas pu
6. était – notre prof – en colère – vraiment
7. l'inspecteur – tranquillement – froidement – et – s'est levé – a dit – à M. Lupol – après quinze minutes
8. «on – chez la directrice – après les cours – se retrouve»
9. calmement – il – est sorti – et
10. pas content – l'inspecteur – sûrement – n'était

---

1 **impossible** unmöglich – **2 final/finale** abschließend – **3 un inspecteur / une inspectrice** *(hier)* ein Schulrat / eine Schulrätin

5 Qui travaille le mieux? → § 12

Regardez ce que les jeunes font et comparez.
Faites pour chaque numéro trois phrases.
Ecrivez dans votre cahier.

	Bruno	Cécile	Caroline	Loïc	Amélie	Laurent
1. travailler bien	+	–	++	=	– –	=
2. parler l'allemand facilement	=	++	+	–	=	– –
3. écrire correctement	–	+	++	=	=	– –

Exemple: <u>1. Cécile travaille moins bien que Bruno. 2. C'est Amélie qui travaille le moins bien.</u>

6 Ecouter: La vie difficile d'une beur

Dans la cour du collège, Camille discute avec Naïma.

a *Ecoutez le dialogue une première fois.*
b *Ecoutez encore une fois la première partie du dialogue et cochez la bonne réponse.*

1. La famille de Naïma vient du Sénégal. ☐ d'Algérie. ☐ de France. ☐	2. Naïma ne peut pas venir au café avec Camille parce qu' elle n'a pas assez d'argent. ☐ elle n'a pas le temps. ☐ elle doit rester à la maison. ☐
3. Les parents sont arrivés en France, il y a vingt ans. ☐ trente ans. ☐ quinze ans. ☐	
4. Elle ne peut jamais rencontrer des garçons français parce que les jeunes Français n'aiment pas les étrangers. ☐ ses frères l'accompagnent toujours. ☐ ses frères veulent sortir avec elle. ☐	5. Naïma et ses frères et sœurs sont nés en Algérie. ☐ en France. ☐ en France et en Algérie. ☐

c *Ecoutez maintenant une deuxième fois la seconde (zweiten) partie du texte et cochez la bonne réponse.*

6. A la maison, ils parlent arabe. ☐ français. ☐ français et arabe. ☐	7. Les parents parlent bien le français. ☐ parlent mal le français. ☐ ne parlent que l'arabe. ☐
8. Les parents rêvent de retourner[1] en Algérie. ☐ rester en France. ☐ rester encore 10 ans en France. ☐	9. Les parents de Naïma disent qu'elle peut se marier avec l'homme qu'elle aime. ☐ ne doit pas se marier. ☐ doit se marier avec l'homme que les parents choisissent. ☐
10. Naïma va accepter ce que les parents vont décider[2]. ☐ ne veut pas respecter les parents. ☐ ne veut pas se marier avec un homme qu'elle n'aime pas. ☐	

———
1 retouner zurückkehren – **2 décider qc** etw. entscheiden

7 **Visite au cirque** → § 14

*Mettez les verbes au présent,
à l'imparfait ou au passé composé
et faites attention à l'accord
(Angleichung).*

Emilie raconte:

1. Nous avons un nouvel élève dans la classe, c'est Nathan. Il vit dans un cirque et va à l'école dans les villes

où le cirque (s'arrêter) _____ . Il nous a invités au cirque et hier, Nouria, Babaka et moi, nous y

sommes allés. 2. Nous (se rencontrer) _____ devant le cirque. 3. Nathan est

très sympa. Il nous a montré le cirque et nous (se promener) _____ partout. 4. Il y

avait des singes qui (se disputer) _____ pour les bananes que nous avions apportées.

5. Il y avait aussi un ours qui (se lever) _____ quand nous sommes arrivés. J'ai eu peur. 6. Il ne

(s'intéresser) _____ pas à nous, mais, tout à coup, il (se baigner) _____ dans une

petite piscine et … il y avait de l'eau partout … 7. Puis, nous sommes allés voir les chevaux[1]. Avec Nathan, nous

(s'occuper) _____ d'eux. 8. Babaka (se mettre) _____ sur un beau

cheval, mais, tout à coup, le cheval (se coucher[2]) _____ par terre et Babaka est tombé.

9. Nathan (se moquer) _____ de lui, et nous (s'amuser) _____ .

10. Les éléphants[3] (ne pas s'intéresser) _____ à nous, ils (s'éloigner)

_____ quand nous les avons appelés. 11. Puis, Nathan (s'occuper)

_____ de son singe qui (s'appeler) _____ Bodo. 12. Il nous a montré comment

il (s'entraîner) _____ avec lui. 13. Bodo (se mettre) _____ dans mes bras et tout à

coup, il m'a volé mon bonnet[4]. 14. Les autres (s'amuser) _____, mais moi, je ne trouvais pas

ça drôle.

8 **En français: Un sondage:
Que font les jeunes?**   → § 13

Le Monde des ados, un magazine[5]
pour les jeunes, fait un sondage
sur leurs activités.

*Ecrivez les questions et
servez-vous de l'interrogation
par inversion. Puis, répondez.*

© L'Hebdo, le Monde des ados, Fleurus Presse, 2005.

_____

1 un cheval/des chevaux ein Pferd/Pferde – **2 se coucher** sich hinlegen – **3 un éléphant** ein Elefant –
4 un bonnet eine Mütze – **5 un magazine** eine Zeitschrift

3

Le Monde des ados will wissen,

1. wann ihr aufsteht.

Exemple: 1. <u>Quand vous levez-vous?</u>

         <u>Je me lève à 7 heures.</u>

2. ob ihr mit euren Eltern frühstückt.

2. _____

_____ ?

_____ .

3. ob ihr den Bus nehmt, um zur Schule zu fahren.

3. _____

_____ ?

_____ .

4. ob ihr mittags in der Kantine esst.

4. _____

_____ ?

_____ .

5. um wie viel Uhr ihr nach Hause zurückkehrt.

5. _____

_____ ?

_____ .

6. wie viel Zeit ihr mit euren Hausaufgaben verbringt.

6. _____

_____ ?

_____ .

7. wie viele Stunden ihr pro Tag fernseht.

7. _____

_____ ?

_____ .

8. wann ihr zu Bett geht.

8. _____

_____ ?

_____ .

9. wie oft ihr im Monat ins Kino geht.

9. _____

_____ ?

_____ .

10. wie oft in der Woche ihr eure Freunde trefft.

10. _____

_____ ?

_____ .

11. wie viel Taschengeld ihr erhaltet.

11. _____

_____ ?

_____ .

12. ob ihr mit euren Eltern in die Ferien fahrt.

12. _____

_____ ?

_____ .

9 Lire: Malika Secouss

a *Regardez la BD.*

© Éditions Glénat, 1 Rêves partis, 1998.

b *Répondez et écrivez dans votre cahier.*
1. *Où sont Malika et Dooley et qu'est-ce qu'ils font?*
2. *Pourquoi est-ce que Dooley n'est pas content à la fin de l'histoire?*

c *Dooley raconte l'histoire à un ami. Commencez comme ça:*

Malika et moi, nous avons fait les courses au supermarché aujourd'hui. …

d *Qu'est-ce que vous pensez de la réaction du monsieur à la caisse? Discutez en classe.*

---

1 un raciste / une raciste ein Rassist / eine Rassistin – **2 un sachet** eine Einkaufstasche

10 **Ne sois pas si timide!**

Vous trouvez l'exercice à la page 85.

11 **L'amour, qu'est-ce que c'est pour vous?**

Un journaliste de *A vous les jeunes* a posé cette question à des adolescents qui venaient des pays différents. Voici leurs réponses.

a *Lisez les réponses.*

– **L'amour, ça me fait penser à quelque chose d'important.**

C'était en 1975, au Cambodge[1]. Mon père avait 15 ans, était pauvre et travaillait chez des dentistes[2]. Ils ont quitté le Cambodge parce qu'il y avait la guerre et mon père est parti avec eux. Ils avaient une fille … elle s'est mariée[3] avec mon père quand ils sont arrivés en France. Je crois que ça a été une belle histoire, un peu comme au cinéma. Et ma grand-mère, je l'adore.

Neang, 14 ans

– **J'ai une amitié[4] très forte avec ma grande sœur.**

Elle a dix ans de plus[5] que moi. Elle m'a toujours aidée; elle était toujours un bon guide quand j'étais perdue. Elle me connaît, je la connais. On se téléphone tous les deux jours, facilement une heure et demie. Je l'adore beaucoup. Elle m'a déjà beaucoup aidée, je peux aussi tout lui raconter.

Léa, 14 ans

– **Le mot amour me fait penser aussi à mon pays, ma culture.**

Je suis Algérienne, mais je suis née en France. Chaque été, je rentre dans mon pays. Je ne peux pas m'imaginer ne plus pouvoir y aller: la plage, le thé[6], les mariages[7] de quatre jours … Je n'ai jamais eu de petit copain, je ne sais pas parler de cet amour-là. Peut-être que je le rencontrerai quand j'aurai 20 ans, j'ai le temps. Pour moi, l'amour c'est quelque chose qui peut me détourner[8] de mon travail à l'école.

Salima, 15 ans

---

1 le Cambodge Kambodscha *(Staat in Südostasien)* – **2 un dentiste/une dentiste** ein Zahnarzt/eine Zahnärztin – **3 se marier avec qn** jdn. heiraten – **4 une amitié** eine Freundschaft – **5 avoir dix ans de plus** zehn Jahre älter sein – **6 un thé** ein Tee – **7 un mariage** eine Hochzeit – **8 détourner qn de qc** jdn. von etw. abbringen

– Pour moi, parler d'amour c'est parler des filles.

Les filles, ça m'intéresse beaucoup. C'est mieux quand une fille te parle en premier … Moi, je n'ai jamais parlé. Imagine, elle dit non … Etre amoureux, ça me rassure[1] pour plus tard. J'aimerais avoir des enfants, leur apprendre à faire des choses. C'est important l'amour …

Zahid, 12 ans

– Sans Audrey, je ne suis pas comme je suis.

C'est une forte amitié. Elle est chrétienne[2] et moi musulmane[3]. On n'est pas toujours du même avis, mais on se comprend. Ensemble, on rit, on rêve. Dire bonjour à quelqu'un qu'on ne connaît pas, on peut le faire toutes les deux, mais toute seule ce n'est pas possible. Elle me donne des leçons. Par exemple, je courais toujours derrière un garçon et elle m'a expliqué que je le croyais trop important. Maintenant, c'est lui qui me court après. Alors, Audrey m'a aidée à être plus moi-même.

Yasmina, 13 ans

b *Qui a dit ça? Répondez.*

1. Elle dit qu'elle passe beaucoup de temps avec sa sœur au téléphone et qu'elle peut tout lui dire. Elle dit aussi qu'elle est sa meilleure amie.	_____.
2. Elle dit que sans son amie, elle ne peut pas rencontrer des garçons, qu'elle peut rêver avec elle. Avec son aide, elle est devenue elle-même.	_____.
3. Pour lui, les filles sont très importantes. Il veut avoir des enfants, mais il est trop timide pour dire bonjour à une fille.	_____.
4. L'amour, pour elle, ça veut dire l'amour pour son pays qu'elle aime beaucoup. Elle y rentre chaque année. L'amour pour un garçon, c'est pour plus tard.	_____.
5. L'amour, ça la fait penser à l'histoire de son père qui a dû quitter son pays pour vivre en France. C'est là où il s'est marié.	_____.

c *Quelle explication vous plaît le plus. Dites pourquoi?*

d *Que représente (bedeutet) l'amour pour vous?*
Ecrivez un petit texte de cinq phrases dans votre cahier.

---

1 **rassurer qn** jdn. beruhigen – **2 un chrétien/une chrétienne** ein Christ/eine Christin –
3 un musulman/une musulmane ein Muslim/eine Muslima

12 Auto-contrôle 1: Ce n'est pas facile. → § 10

Adjectif ou adverbe?

Vous trouvez les solutions de cet exercice à la page 95.

1. Depuis quelque temps, je me sens __mieux__ . 2. __Heuresement__ , besser – glücklicherweise

j'ai trouvé des copains qui sont __sympa__ et avec qui je discute sympathisch

__amicalement__ . 3. Ce n'était pas toujours __facilement__ pour moi. Je ne freundschaftlich – leicht

connaissais __practiquement__ personne. 4. J'étais __timide__ praktisch – schüchtern

et je parlais __mauvais__ le français. 5. J'étais souvent __triste__ parce schlecht – traurig

que les gens me parlaient __froidement__ . 6. C'est le prof à l'école qui kalt

m'a demandé __gentiment__ d'où je venais et comment je me sentais. 7. C'est freundlich

lui qui m'a reçu __cordialement__ . 8. Puis, les copains devenaient plus herzlich

__cordiale__ avec moi; ils s'intéressaient __vraiment__ . 9. Mais quand je freundlich – wirklich

n'étais pas à l'école, j'ai passé des moments __deficilement__ . 10. Pour les gens schwierig

dans le métro par exemple, j'étais __autre__ , __bizarre__ . Quand je anders – merkwürdig

les regardais, ils tournaient __vitement__ la tête. schnell

11. __Heuresement__ , je peux être __tranquillement__ aujourd'hui. glücklicherweise – ruhig

Tout cela me fait rire.

13 Auto-contrôle 2: Une interview avec Carla Bruni → § 13

Quelles sont les questions que le journaliste lui a posées?
Ecrivez les questions avec l'inversion du sujet.
Vous trouvez les solutions de cet exercice à la page 95.

1. _____ ?	1. Bien sûr, je parle italien. Vous savez peut-être que je suis née en Italie.
2. _____ ?	2. Non, je ne suis pas arrivée seule à Paris en 1973. J'ai suivi mes parents.
3. _____ ?	3. Je suis top-modèle depuis 1987.
4. _____ ?	4. Bien sûr. J'aime beaucoup le cinéma. Vous savez que ma sœur Valeria a tourné beaucoup de films.
5. _____ ?	5. J'ai quitté Mick Jagger et Kevin Costner parce que je ne les aimais plus.
6. _____ ?	6. L'album que j'aime le plus, c'est mon premier album, «Quelqu'un m'a dit».
7. _____ ?	7. Oui, les textes de «Quelqu'un m'a dit», je les ai écrits toute seule.

Auto-Evaluation

Wie auch in den beiden vorherigen *Cahiers d'activités* hast du im Band 3 die Gelegenheit, deine Lernfortschritte im Umgang mit der französischen Sprache und Kultur zu überprüfen.

Male die Ampeln an der passenden Stelle an. Wenn du bei einigen Fertigkeiten feststellst, dass du sie noch nicht sicher beherrschst, schau dir die Übungen in der rechten Spalte noch einmal an.

An welchen Stellen hast du „muss ich noch üben" angekreuzt? Nimm dir diese Bereiche noch einmal vor. Sicher kannst du dich verbessern … Frage deinen Lehrer/deine Lehrerin, ob er/sie dir ein paar Tipps geben kann.

Selbsteinschätzung vom: _____.

	sehr gut	gut	muss ich noch üben	
Hören	Ich kann …			Übung im …
1	… einem Hörtext wichtige Informationen entnehmen, bei mehrmaligem Hören auch Einzelheiten und die Pointe verstehen und mir Notizen dazu machen.			SB L 1 / Ex. 6
2	… eine Radiosendung verstehen, in der Jugendliche von ihren Problemen erzählen und meine Meinung dazu äußern.			SB L 1 / Ex. 8; SB L 3 / Ex. 9
3	… einen Hörtext, bei dem ich nicht alle Wörter kenne, verstehen und Fragen dazu beantworten.			CdA L 1 / Ex. 6
4	… zeigen, dass ich französische Werbespots verstehe, indem ich aus drei möglichen Alternativen die richtige auswähle.			CdA L 2 / Ex. 9
Sprechen	Ich kann …			Übung im …
1	… meine eigene Meinung zum Ausdruck bringen, Ratschläge erteilen, um eine Erklärung bitten und mich entschuldigen.			SB L 1 / Ex. 9
2	… von vergangenen Ereignissen erzählen, z. B. wie ich das letzte Wochenende verbracht habe.			CdA L 1 / Ex. 1b
3	… eine Geschichte aus einer anderen Perspektive erzählen bzw. weitererzählen.			SB L 1 / Ex. 1b
4	… Ablehnung, Zustimmung, Unsicherheit oder Zweifel ausdrücken.			SB L 3 / Ex. 7; CdA L 3 / Ex. 10
5	… eine Meinungsumfrage über die Schule in der Klasse durchführen und die Ergebnisse präsentieren.			SB L 3 / Ex. 8
Lesen	Ich kann …			
1	… die Bedeutung von Hinweisschildern entschlüsseln, Anweisungen, Verbote und Informationen geben und verstehen.			SB L 2 / Ex. 8

2	… einen Comic zum Thema Rassismus verstehen und ihm konkrete, aufgabenbezogene Informationen entnehmen.		CdA L3/Ex. 9
3	… einem Leserbrief und Antworten darauf Informationen entnehmen und meine eigene Meinung dazu äußern.		CdA L1/Ex. 7; CdA L3/Ex. 11
4	… einen authentischen Text zu einem vertrauten Thema lesen, auch wenn ich nicht alle Wörter verstehe, und dessen Wirkungsabsichten beschreiben.		CdA L1/Ex. 8; CdA L3/Ex. 2
5	… einen Internetchat zum Thema Reisen verstehen und meine Meinung dazu äußern.		CdA L2/Ex. 5
	Schreiben Ich kann …		Übung im …
1	… eine einfache Geschichte weiterschreiben.		SB L1/Ex. 3b; CdA L1/Ex. 9
2	… einen Reisebericht anfertigen, in dem ich verschiedene Textsorten verwende, mir Informationen beschaffe und das Ergebnis präsentiere.		SB L2/Ex. 10
3	… einen Werbeprospekt über einen ausgewählten Ort oder eine Region schreiben.		CdA L2/Ex. 6
4	… einen einfachen, zusammenhängenden Text zu einem bestimmten Thema verfassen, bei dem mir Textsorte und Vokabular vertraut sind.		CdA L1/Ex. 4b
5	… ein Resümee schreiben.		SB L3/Ex. 11
	Interkulturelles Lernen und Landeskunde		Übung im …
1	Ich kenne einige Wörter und charakteristische Merkmale der französischen Jugendsprache.		SB L1/Ex. 10
2	Ich weiß etwas über die Bourgogne, z. B. über einige Sehenswürdigkeiten und Spezialitäten.		SB L2/Text; SB L2/Album; CdA L2/Ex.6
3	Ich kann einige Unterschiede zwischen einem deutschen Gymnasium und einem französischen *collège* benennen, z. B. was den Tagesablauf und den Stundenplan angeht.		SB L3/Ex. 1c; SB L3/Ex. 6
4	Ich weiß etwas über die Situation nordafrikanischer Einwanderer.		CdA L3/Ex. 6
5	Ich kann Vorurteile erkennen.		SB L3/Text

Schau dir die beiden Seiten noch einmal an: Wähle aus den 5 Bereichen die Einträge aus, die für dich besonders wichtig oder interessant sind. Trage dann deine Auswahl hinten im *Cahier d'activités* auf Seite 92 ein.

LEÇON 4

Etre ado à Nice

1 **Les «Nice & Forts»: un groupe de rock** → §§ 19, 20, 21

Jérémie, le batteur du groupe, écrit un e-mail à son copain Patrick.

Complétez cet e-mail avec les formes correctes de «mourir, s'asseoir, suivre».

```
! □ ⍉ ▯                                                           ▲
Salut, mon pote!
A St-Tropez, tout s'est hyper bien passé! 1. D'abord, les gens étaient
_____ dans le sable, mais peu de temps après, ils se sont levés et
ils _____ le rythme¹ de notre musique. 2. Les mecs qui surveillaient²
la plage, n'arrêtaient pas de dire «_____-vous! 3. Il faut _____
_____!», mais rien à faire! Quelle ambiance! A un moment³, la guitare
de Bruno ne marchait plus et Samira lui a donné son saxophone. 4. Ça a fait
«Bmmm ... pffttt». Tout le monde était _____ de rire! Nous aussi! 5. Je sais
que tu _____ exactement le programme des «Nice & Forts». Le 20 juillet,
nous jouerons à Cannes et le 25, à l'hôpital de Nice. 6. Là, j'ai vraiment
le trac ... normalement, c'est Elodie qui _____ de peur avant un concert!
Je te raconterai!   Jérémie :-))
```

2 **Avant le concert** → § 17

Demain, le 25 juillet, les «Nice & Forts» donneront un concert devant les enfants malades à l'hôpital de Nice. Le 24 juillet à midi, Bruno explique aux autres ce qu'il faut faire.

Mettez-vous à sa place et utilisez le futur simple.

Exemple: <u>Ce matin, j'ai collé des affiches et j'ai invité tous les médecins. Maintenant, il est midi.</u>

<u>Cet après-midi, Samira téléphonera ...</u>

Continuez et écrivez dans votre cahier.

Samedi	24 juillet	Dimanche	25 juillet
Matin		**Matin**	
10.00 h	coller des affiches et inviter tous les médecins (moi) ✔	09.00 h	installer les instruments et préparer la scène (Jérémie et moi)
12.00 h	rendez-vous avec les autres ✔	12.00 h	manger à la cantine de l'hôpital (tous)
Après-midi		**Après-midi**	
13.00 h	téléphoner au directeur de l'hôpital et envoyer un e-mail à Marc Carrère (Samira)	13.00 h	répétition (tous)
14.00 h	acheter des petits cadeaux pour les enfants (Elo, Jérémie)	15.00–17.00 h	concert
17.00 h	aller chercher les CD (moi)		après: donner les cadeaux et les cartes aux enfants et parler avec eux (Samira, Elo) – discuter avec parents et médecins (Jérémie, moi) – vendre nos CD (moi)
Soir		**Soir**	
19.00 h	chez moi: signer cartes avec photo du groupe (tous)	18.00 h	rendez-vous avec le directeur de l'hôpital (tous); après: ranger (tous)

---

1 un rhytme ein Rhythmus – **2 surveiller qc** etw. überwachen – **3 à un moment** für einen Augenblick

[ ] **3** **Les souvenirs de Louise à Nice** → § 18

Louise ouvre encore une fois son album de photos pour son petit-fils[1] Pierre. Elle lui raconte sa vie quand elle était jeune. Pierre lui pose des questions.

Mettez-vous à la place de Louise. Répondez avec «c'est, ce n'est pas, ce sont, ce ne sont pas, qui, que» et utilisez «moi, toi, lui, elle, nous, vous, eux, elles».

Sur cette photo-là, …

| … j'ai un an. | … j'ai quatre ans. | … j'ai sept ans. | … j'ai dix ans. |

Exemple:

– C'est la maison de Nice? Ton frère Bruno habite encore dans la maison?

– Oui, *c'est lui qui habite encore dans la maison.*

1. – Qui est-ce qui mange ton gâteau? Toi et ton papa?

– Oui, _____ _____ _____ _____

2. – C'est ton copain? Tu l'aimais?

– Non, _____ _____ _____ _____

3. – Qui danse avec tes deux cousins? Nathalie et Laure?

– Oui, _____ _____ _____ _____

… j'ai treize ans. … j'ai quinze ans. … j'ai dix-huit ans. … j'ai vingt ans.

 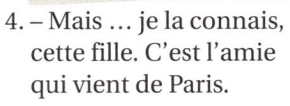   

4. – Mais … je la connais, cette fille. C'est l'amie qui vient de Paris.

– Oui, _____ _____ _____ _____

5. – Non, ce n'est pas toi qui portes ces vêtements bizarres! Ce n'est pas possible!

– Si, _____ _____ _____ _____

6. – Dis, mamie, ces copains-là, tu les rencontrais souvent?

– Oui, _____ _____ _____ _____

7. – Qui a fait ta robe ? Ta mère?

– Non, _____ _____ _____ _____

_____

1 un petit-fils / une petite-fille ein Enkel / eine Enkelin

4 **Peut-on vivre sans musique?**

Mettez les lettres dans le bon ordre et vous trouverez les mots.

Lili, une jeune musicienne, raconte:

1. Patrick et moi, nous sommes _____ (cismuiens) depuis toujours. 2. On avait quinze ans quand on a _____ (menmcéco). 3. A deux, on a formé un _____ (eproug). Aujourd'hui, nous sommes trois. 4. Patrick, c'est le _____ (abeuttr), mais il _____ (ojeu) aussi du _____ (xenohspao). 5. Le troisième, c'est Djamel qui joue du _____ (iapon). 6. On est sur la _____ (èsenc). 7. On vient de finir la _____ (épérnotiti) et maintenant, on est _____ (ne tercid). 8. Le _____ (tonccer) va commencer dans une minute. J'ai peur … J'ai mal au ventre. 9. Nous avons longtemps attendu le _____ (cèssuc). Patrick et moi, on ne voulait même plus continuer. 10. Pourtant, nous ne pouvons pas vivre sans _____ (quemisu). 11. Hier, on m'a volé mon vieil _____ (sttnimuner) que j'avais depuis quelques années! 12. Avec ma nouvelle _____ (tiguare), j'ai le _____ (crat). 13. Cinq secondes! On nous _____ (plupdatia). 14. Je _____ (tchena). Enfin, je me sens bien!

5 **Lire: Il était une fois … la nouvelle chanson française.**

Voici six chanteurs et chanteuses qui chantent en français.

a *Lisez les informations sur chaque artiste.*

Bénabar: le fan du cinéma

Alizée: la lolita[2]

Mickey 3 D: le groupe rebelle

Bénabar est né en 1969.
Premier CD: 2001
Sujets: la vie de tous les jours

Début[1]: 25 ans
Succès: «Dis-lui oui»

Il vient de la banlieue de Paris,
il adore le cinéma, a déjà tourné
des petits films, raconte
des histoires courtes.
«Bénabar», c'est Barnabé, en verlan
et c'est le nom d'un clown.

Alizée est née en 1983.
Premier CD: 2000
Textes: Mylène Farmer

Début: 15 ans
Succès: «Moi … Lolita»

Elle vient de Corse[3]. En 2002,
elle a vendu quatre millions de CD
en Europe. Elle chante au Canada[4].

Michael est né en 1970.
Premier CD: 1999
Sujets: le monde qui va mal

Début: 1997
Succès: «Tu vas pas mourir de rire»

Ce groupe de rock vient
de la campagne.
Ils sont trois: Michael, Jojo, Najah.

---

1 **un début** ein Beginn – 2 **une lolita** ein Girlie – 3 **la Corse** Korsika – 4 **le Canada** Kanada

Camille: pas comme les autres

Camille est née en 1978.
Premier CD: 2002
Sujets: tous les sujets

Début: 16 ans
Succès: «Le fil»

Elle vient de Paris, elle chante
et écrit les textes et la musique.
Elle a appris le piano toute seule.

Miossec: le chanteur triste

Miossec est né en 1964.
Premier CD: 1995
Sujets: les amours malheureux

Début: 14 ans
Succès: «Brest»[1]

Il vient de Brest en Bretagne[2].
Il a fait beaucoup de métiers.
Il écrit aujourd'hui pour les plus
grands chanteurs français comme
Johnny Halliday.

Corneille: la star

Corneille est né en 1977.
Premier CD: 2002
Sujets: sa vie

Début: 16 ans
Succès: «Parce qu'on vient de loin»
et «Seul au monde»

En 1994, toute sa famille meurt.
Il quitte le Rwanda[3]. Grâce à des
amis allemands, il commence une
nouvelle vie en Europe, puis au
Canada. Il connaît un très grand
succès des deux côtés
de l'Atlantique[4].

b *Lisez ces phrases et cochez la bonne réponse: «vrai, faux, on ne sait pas».*
Si la phrase est fausse, corrigez-la! Ecrivez dans votre cahier.

	vrai	faux	On ne sait pas.
1. Avec Miossec, les histoires d'amour ne finissent jamais.			
2. Corneille raconte sa vie dans ses chansons.			
3. Un professeur a donné des cours de piano à Camille.			
4. Miossec a fait une chanson pour Johnny Halliday.			
5. «Dis-lui oui» est une chanson de Bénabar.			
6. Des amis allemands ont invité Corneille chez eux.			
7. Camille est la seule chanteuse qui vient de Paris.			
8. Alizée et Corneille ont aussi des fans au Canada.			
9. Barnabé est en verlan le nom d'un clown.			
10. Mickey 3 D a des idées noires.			
11. Alizée ne vend ses CD qu'en France.			
12. Miossec a toujours été chanteur.			
13. Corneille habite au Canada.			

c *Choisissez un musicien et faites son portrait. Ecrivez dans votre cahier.*
Vous pouvez aussi trouver d'autres informations sur Internet.

─────────

1 Brest *Stadt in der Bretagne –* **la Bretagne** die Bretagne *Region im Nordwesten Frankreichs –*
3 le Rwanda Ruanda *Staat in Zentralafrika –* **4 les deux côtés de l'Atlantique** die beiden Seiten des Atlantiks

6 En français: Tu peux m'aider …?

a *Ton copain/Ta copine, qui ne parle pas français, adore la chanson «Paris» de Camille.*
Il/Elle te montre le texte. Dis-lui de quoi on parle dans cette chanson. Utilise un dictionnaire.

Finies les balades le long du canal
Les escaliers des cartes postales
C'est fini, Paris
C'est décidé, je me barre
Fini le ciel gris, les matins moroses,
On dit qu'à Toulouse les briques sont roses
Oh là-bas, Paris, les briques sont roses

Refrain:
Paris, tu paries, Paris, que je te quitte
Que je change de cap, de capitale
Paris, tu paries, Paris, que je te quitte
Je te plaque sur tes trottoirs sales

Je connais trop ta bouche, bouche de métro
Les bateaux mouche et la couleur de l'eau
C'est fini Paris, je les connais trop
Ici je m'ennuie, même quand vient la nuit
On dit que Séville s'éveille à minuit
Là-bas, Paris, la ville s'éveille à minuit

(Refrain)

A Toulouse il a plu, à Séville j'ai trop bu
A Rio j'ai eu le mal du pays
Oh pari perdu, je retourne vivre à Paris.

Extrait de l'album: «Le sac des filles» de Camille.
Paroles: Camille Dalmais. © 2002 by Blonde Music/
Delabel Editions; Rolf Budde Musikverlag GmbH,
Berlin; EMI Music Publishing Germany GmbH & Co.
KG, Hamburg

1. Formuliert in einem Satz die Kernaussage des Liedes:

Eine Person will _____ .

2. Nenne mindestens zwei Gründe für diesen Entschluss:

_____
_____
_____
_____
_____

3. In welche Städte möchte sie fahren und warum?

• _____

• _____

_____

4. Fasse den Inhalt der letzten Strophe mit eigenen Worten zusammen.

_____
_____
_____
_____
_____

b *Maintenant, ton copain/ta copine veut envoyer un e-mail à Camille pour lui poser quelques questions.*
Aide-le/Aide-la et écris l'e-mail à la première personne, avec les informations suivantes:

1. Kurze Vorstellung deines Freundes/deiner Freundin (Name, Alter, Nationalität, Grund für die E-Mail).

2. Fragen:
• *Wie hat sie Schule und Musik vereinbart (Proben, Reisen, Konzerte, Hausaufgaben etc.)?*
• *Wie empfindet sie ihren Erfolg?*
• *Was macht sie, um fit zu sein (Sport, Hobbys, Ausgehen mit Freunden etc.)?*
• *Vorbilder (andere Sänger oder Persönlichkeiten)?*
• *Berufswünsche (Sängerin bleiben oder anderer Beruf)?*
• *Bewunderung ausdrücken.*
• *Hoffen auf Antwort.*

 7 Mot contre mot

 Vous trouvez l'exercice à la page 86.

8 Ecouter: Le monde de Diam's

*Regardez d'abord la photo et lisez les questions.
Puis, écoutez le texte et cochez les bonnes réponses.*

41

1. Qui est Diam's?
   Une chanteuse ☐
   Un groupe ☐
   Une actrice ☐

2. Quel est le vrai nom de Diam's?
   Emilie Georgiades ☐
   Amélie Georgiades ☐
   Mélanie Georgiades ☐

3. Elle est née en 1981.
   Vrai ☐
   Faux ☐
   On ne sait pas. ☐

4. Diam's avait quatre ans quand
   son père est mort. ☐
   son père est parti. ☐
   sa mère a quitté son père. ☐

5. Diam's est le grand succès
   du rap français depuis
   2001. ☐
   2002. ☐
   2003. ☐

6. D'où vient Diam's?
   De Paris. ☐
   De la banlieue de Paris. ☐
   On ne sait pas. ☐

7. Le monde du rap est difficile
   pour les filles. ☐
   pour les garçons. ☐
   pour les garçons et les filles. ☐

8. Diam's avait 17 ans quand elle
   a commencé à faire du rap. ☐
   a fait son premier CD. ☐
   a écrit la chanson «Daddy». ☐

9. Diam's ne chante pas seulement,
   elle écrit aussi
   ses chansons. ☐
   elle danse aussi. ☐
   elle aide d'autres artistes. ☐

9 Ecrire: Un 25 juillet à l'hôpital

Patrick a été voir les «Nice & Forts» à leur concert du 25 juillet à l'hôpital de Nice.
Il veut écrire un article pour le journal de son collège «Nice-Flash».

*Grâce à ses notes et ses dessins dans son carnet (Heft), aidez Patrick à écrire
son article. Utilisez les temps du passé. Ecrivez dans votre cahier.*

- Nice & Forts = Jérémie, Bruno, Elo et Samira
- 14 heures: arriver, préparer concert
- cour de l'hôpital de Nice: 150 enfants
- soleil, faire beau, chaud
- jouer de 15 à 17 heures
- tout le monde content – ambiance super!
- enfants oublier maladie[1]
- Aline, 6 ans: «J'adore le rock.»
- dessin de David pour Samira: un soleil
- un médecin, Dr Blanchard: «La musique, c'est important pour vivre, surtout quand on est un petit malade[2].»
- Réactions du groupe:
- Samira: «C'était trop génial!»
- Elo: «Ces petits sont un exemple pour nous!»
- Bruno: «C'était un concert différent mais important pour nous!»
- Jérémie: «On va demander si on peut revenir de temps en temps».

1 **une maladie** eine Krankheit – 2 **un malade / une malade** ein Kranker / eine Kranke

10 Savoir faire: La chasse aux fautes

Lukas a écrit une lettre au groupe Mickey 3 D. Mais dans sa lettre, il y a encore des fautes.

a *Regardez encore une fois la stratégie à la page 52 de votre livre.*
Puis, cherchez les fautes, il y en a 19. Analysez-les (Analysiert sie)!

> Salut Michael,
>
> Je m'appele Lukas et je suis allemand. Je vais à le lycé à Mannheim et
> je suis 15 ans. Je joue guitarre électrique, j'adore du rock et donc leur musique.
> J'ai tout votres CD. Avec deux copains, je veux aussi formé une groupe.
> Un jour, vous et nous, nous pourons peut-être donné un concert ensemble?
> Est-ce que vous venirez bientôt aussi en allemand? J'espère le!
>
> Un grand fan   Lukas
>
>
> PS: J'attend votre réponse!

b *A quelles fautes est-ce que Lukas doit surtout faire attention?*

11 Un sondage

Des élèves de la 3e, la classe de Samira, ont fait un sondage dans leur collège à Nice.

Reconstituez (Stellt wieder her) les questions qu'ils ont posées et trouvez les réponses des élèves.

Quel / Quelle …? **Comment …?** **Qui est-ce qui …?** **Combien d'heures …?** **Qu'est-ce que …?** **Qu'est-ce qui …?**

Exemple: 1. _**Comment**_ est-ce que tu écoutes la musique? *d*		a) Rien. Je peux faire ce que je veux. (David, 3e)
2. _____ par jour est-ce que tu écoutes de la musique?		b) Le rap. Mon chanteur préféré est donc MC Solar. (Fabien, 4e)
3. _____ est-ce que tu trouves les jeunes qui écoutent de la musique partout?		c) Parfois mes parents, parfois mes grands-parents. (Amélie, 5e)
4. _____ tes parents disent quand tu veux aller à un concert?		d) Hyper fort! (Laure, 4e)
5. _____ est ta musique préférée?		e) Tout! La musique et surtout l'ambiance! (Maryse, 3e)
6. _____ te donne de l'argent pour acheter des CD?		f) Ils sont nuls. (Thibauld, 6e)
7. _____ t'a plu au dernier concert au collège?		g) Une ou deux heures. (Luc, 5e)

12 **Auto-contrôle: L'annonce** → § 17

Mettez les verbes au présent ou au futur simple.
Vous trouvez les solutions de cet exercice à la page 95.

Salut!

Tu aimes la musique?

Nous _____ (vouloir) former un groupe de rock. David de la 3^{e}A

et Aline de la 3e F. Tu _____(chanter) ou tu _____

(jouer) du saxophone? Alors, c'est toi que nous _____. (chercher)!

Intéressé ou intéressée?

Tu nous _____ (trouver) tous les mercredis à partir de 15 h

au collège, salle 2. Ou alors, appelle-nous ou envoie-nous un SMS au 09.67.94.12.01.

On _____ (répondre) tout de suite! Après, on _____ (voir) si nous

_____ (pouvoir) travailler ensemble! Et ensuite, nous _____

(chercher) aussi un nom pour notre groupe.

D'acc?

A très bientôt

David et Aline

PS: Nous _____ (faire) des répétitions tous les mercredis après-midi

et souvent le week-end! Le succès _____ (ne pas venir) au lit

pendant la nuit! Nous espérons que ça t'_____ (aller).

LEÇON 5

Au pays des livres

  **Au CDI**

Regardez le dessin et racontez ce que les personnes disent ou demandent.
Utilisez les verbes «dire, répondre, raconter, expliquer, ajouter, penser, demander».

Christian: Depuis quand est-ce que tu es au CDI? Tu n'as pas un cours de maths maintenant?
Véronique: Non, notre prof est malade.

Exemple: Christian demande à Véronique depuis quand elle est au CDI. Il veut savoir si elle n'a pas un cours de maths maintenant. Véronique répond que leur prof est malade.

Continuez dans votre cahier.

1. *Chloé:* Pourquoi est-ce que vous êtes sur Internet?
   Franck: Nous cherchons des informations sur la Bretagne pour notre cours de l'histoire-géo.
2. *Marc:* Vous avez déjà le dernier roman de «Théo et Amandine»?
   Mme Dufour: Non, je ne l'ai pas encore, mais il va bientôt arriver.
3. *Julie:* Comment est-ce que tu trouves le livre sur les fées et les lutins?
   Aline: A mon avis, il n'est pas très intéressant.
4. *Professeur Dupont:* Tu ne travailles pas. Au CDI, on ne joue pas aux jeux vidéo!
   Djamel: Mais, Monsieur, c'est un jeu vidéo allemand. J'apprends des mots allemands avec ça.
5. *Thomas:* Je n'ai pas envie de travailler. Il fait trop beau temps.
   Mathilde: Lundi, il pleuvait et tu as dit la même chose.

2 **Une histoire magique**

- *Betrachtet zunächst den On dit-Kasten auf Seite 60 eures Buches.*
- *Arbeitet in Gruppen.*
- *Seht euch die unten stehende Wortliste an.*
- *Erfindet eine Geschichte und verwendet dabei so viele Wörter aus der Liste wie möglich.*
- *Abschließend tragen die einzelnen Gruppen ihre Geschichten vor der ganzen Klasse vor.*
- *Die Gruppe, die die meisten Wörter sinnvoll verwendet hat, hat gewonnen.*

une fée	l'horreur	avoir l'air méchant	magique
un lutin	la peur	craindre qn	beau / bel / belle
un chevalier	la mort	attaquer qn	joli / jolie
un roi	la panique	déclarer la guerre à qn	dangereux / dangereuses
un casque	une aventure	se battre	bizarre
un château[1]	la magie	hurler[2]	drôle
			triste

3 **Ecrire: Une carte postale de la Bretagne**

Vous avez reçu cette carte d'un ami français ou d'une amie française.

Groix, le 16 juillet

Cher … / Chère …

Je passe des vacances super
sur l'île de Groix avec mes parents.
Est-ce que tu as envie de venir aussi?
Il y a beaucoup de place dans la maison
et nous allons bien nous amuser.
Réponds vite. A bientôt, j'espère.

Bises

Patrick / Léa

Vous lui répondez. Choisissez la situation 1. ou 2. Ecrivez six à huit phrases dans votre cahier.

1. *Vous pouvez venir, mais vous avez encore quelques questions.*
2. *Vous voulez bien venir, mais vous ne pouvez pas. Vous expliquez pourquoi ce n'est pas possible.*

———

1 un château ein Schloss – **2 hurler** schreien, brüllen, heulen

4 **Qui est-ce?** → § 22

| craindre | éteindre | peindre | se plaindre |

Trouvez les formes des verbes et écrivez-les dans la grille (in dem Gitter).
Les chiffres (die Zahlen) dans les cases (Kästchen) vertes vous donneront
le nom d'une personne importante de l'histoire «L'île aux lutins».

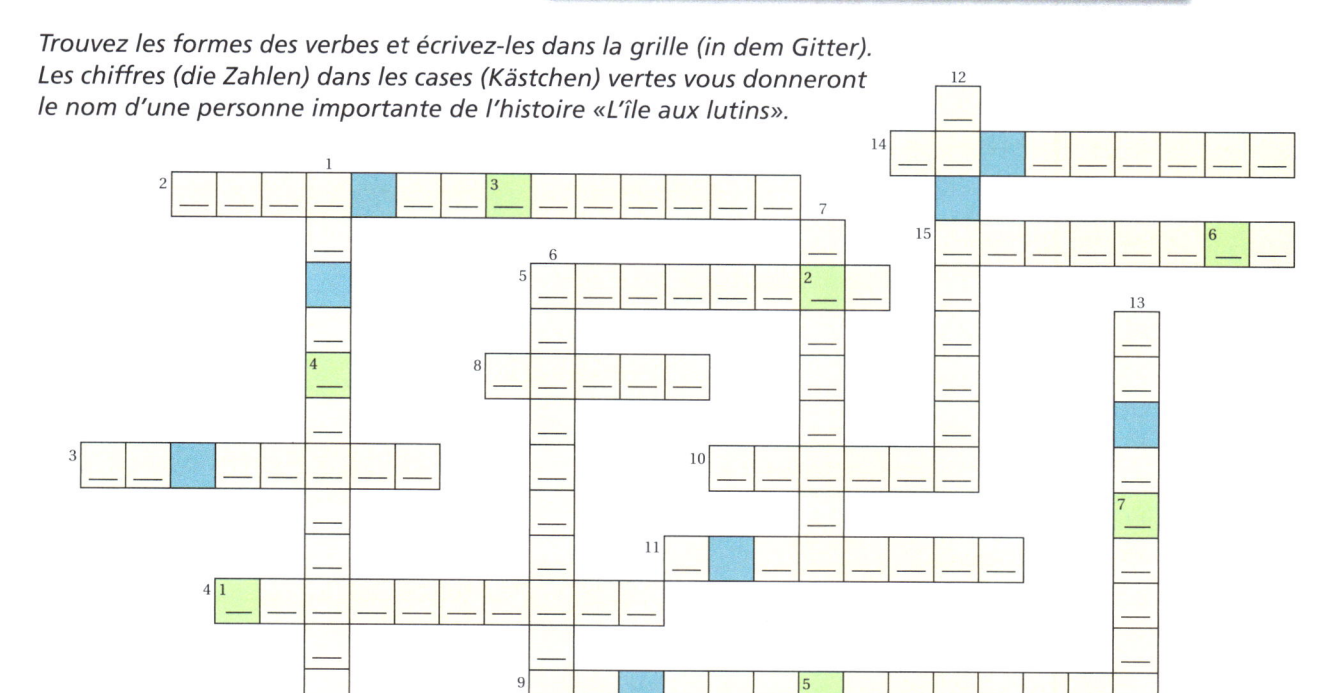

1. ↓ (il) se plaindre – imparfait
2. → (nous) se plaindre – présent
3. → (je) peindre – passé composé
4. → (nous) craindre – imparfait
5. → (vous) éteindre – présent

6. ↓ (nous) éteindre – imparfait
7. ↓ (ils) peindre – présent
8. → (tu) peindre – présent
9. → (elles) se plaindre – imparfait
10. → (tu) éteindre – présent

11. → (elle) éteindre – passé composé
12. ↓ (je) se plaindre – présent
13. ↓ (tu) craindre – passé composé
14. → (il) se plaindre – présent
15. → (vous) peindre – imparfait

U	N		__	H	__	V	__	__	__	__	__
			1		2		3	4	5	6	7

5 **Une journée au collège** → § 24

Après les cours, Marc va voir son copain Philippe qui est malade.

| chanter faux chanter juste parler bas parler fort sentir bon sentir mauvais travailler dur |

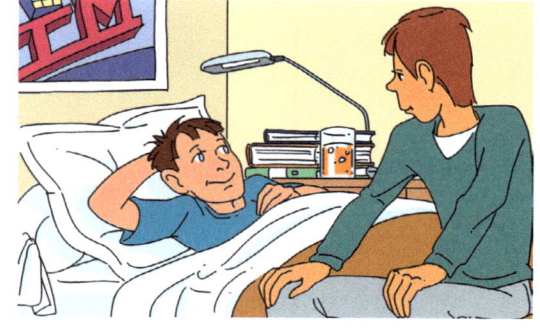

Complétez. Faites attention aux temps.

Marc: Ah, Philippe, aujourd'hui, c'était très drôle à l'école, mais j'ai _____. J'ai dû

expliquer un exercice de maths au tableau. Et comme je n'avais aucune idée, j'ai _____.

Alors, le prof m'a demandé de _____. Pendant le cours de musique, j'ai dû chanter

une chanson. J'en avais marre. Pour rigoler, j'ai _____. Alors, la prof m'a demandé

de _____. A midi, quand je suis entré dans la cantine avec Julien et Hamid,

ça _____. Tu sais que ça n'a jamais _____ à la cantine.

A la fin, on est allé manger dans un café.

Claude Gutman est venu dans ton collège. Là, il a lu quelques pages de son livre «Pistolet-souvenir».
Ton amie Heike, qui est responsable du journal du collège et qui ne parle pas bien le français,
veut faire une interview avec Claude Gutman. Elle te demande de l'aider et tu fais l'interprète.

ton amie	toi	Claude Gutman
Sag ihm, dass wir ihn gerade gehört haben, dass wir sein Buch toll finden, und frag ihn, ob wir ihm ein paar Fragen für unsere Schüler-zeitung stellen dürfen.	1. Pardon, monsieur, _____ _____ _____	
	2. Er ist einverstanden. _____	Bien sûr. Avec plaisir.
Haben Sie immer in Frankreich gelebt?	_____ _____	
	_____ _____	Je suis né en Palestine[1], mais maintenant, j'habite à Paris.
Sie haben viele Kinder- und Jugendbücher geschrieben. Welches sind Ihre wichtigsten Themen?	_____ _____ _____	
	_____ _____ _____ _____ _____ _____ _____ _____ _____ _____	Beaucoup de mes romans se passent à l'école. Ce sont des histoires drôles, par exemple dans mon livre «La rentrée», mais il y a aussi des histoires tristes comme dans les livres «Pistolet-souvenir» et «La maison vide». Là, je parle d'un garçon juif[2] pendant la guerre.
Warum schreiben Sie vor allem für Jugendliche?	_____ _____	
	_____ _____ _____ _____	Je suis père de trois enfants et, en plus, j'ai travaillé comme professeur. Alors, les problèmes des jeunes m'intéressent.
Heute lesen die Jugendlichen sehr gerne Romane wie «Harry Potter» usw. Haben Sie auch solche Bücher geschrieben?	_____ _____ _____	

_____
1 **la Palestine** Palästina *(Region im Nahen Osten)* – 2 **juif / juive** jüdisch

	_____ _____ _____ _____	Non, cela ne m'intéresse pas. Je veux écrire des histoires qui se passent dans la vie réelle [1].
Vielen Dank für das Gespräch.	_____ _____	
	_____	De rien.

7 **Encore une minute, M. Gutman …** → § 23

Complétez avec des adverbes.

> différent   énorme   évident   gentil   méchant

Claude Gutman a _____ de succès avec ses romans. _____,

il est plus connu en France qu'en Allemagne. Heike a demandé _____

à Claude Gutman s'il écrivait aussi des livres comme «Harry Potter». M. Gutman a répondu qu'il pensait

_____ et qu'il écrivait des romans réels. Contrairement à d'autres écrivains[2],

il préférait gagner moins d'argent. Il ne le disait pas _____ .

8 **Lire: Le nouveau Charles**

Marion va à la gare avec ses parents pour aller chercher Charles, son grand frère, qui revient d'Espagne.
Il y a souvent des disputes entre Marion et Charles, mais maintenant, elle est contente de ne plus être seule
à la maison. Il y a plus d'ambiance quand son frère est là. Mais quand Charles arrive, c'est la grande surprise.

Un choc. On ne l'avait pas vu arriver, ou on ne l'avait
5 pas reconnu. Un garçon bien soigné qui avait quitté la
maison trois semaines plus tôt. Le garçon qu'on voyait
là, à la gare, ce n'était plus le même Charles.
Le nouveau Charles avait une barbe, des petites
lunettes à verres violets, une guitare sous le bras, un
10 jean qui semblait sortir d'une poubelle et un t-shirt
avec les mots: «Con amor es mejor».[3]

– C'est quoi, ce t-shirt? a demandé papa.
– Ben, c'est un t-shirt, a répondu Charles.
– Tu l'as acheté? a demandé maman.
15 – Non, c'est un cadeau.

– Et cette guitare? a ajouté papa.
– Aussi …
– Quoi aussi?
– Ben, aussi un cadeau …
Plus je regardais mon frère, plus il me faisait penser à 20
ces gangsters qui changent de look pour échapper à
la police. Gangster ou pas, il ne m'a pas adressé un
seul regard. Je me suis plantée sous son nez:
– Bonjour, alors.
– Ah, salut, toi, a-t-il murmuré. 25
Pendant tout le voyage de retour, les parents ont
regardé Charles dans le rétroviseur. Charles ne
regardait pas.
– Alors? a dit maman.
– Ben quoi? 30
– On ne dit pas «ben»! a grogné papa.
– Alors, tu as fait des progrès? a répété maman.
  Charles a eu un drôle de sourire. Un sourire
  charmeur, moqueur … espagnol? … bref, un sourire
  nouveau. 35
– Des progrès en quoi?
Maman a regardé son fils, énervée.
– Charles, tu ne te souviens peut-être pas, mais je te
  rappelle que tu as passé trois semaines en Espagne
  qui nous ont coûté les yeux de la tête . C'était pour 40
  te faire faire des progrès en ESPAGNOL …

_____
1 réel/réelle wirklich, real – **2 un écrivain/une femme écrivain** ein Schriftsteller/eine Schriftstellerin – **3 Con amor es mejor.**
(Spanisch) Mit Liebe geht es besser.

Mon frère a laissé tomber ce <mark>commentaire</mark>:
– Ne vous faites pas de bile pour moi …
– Si, si, si, on se <mark>fait de la bile</mark> pour toi, justement.
45 Quand on te voit …
Les gens se sont déjà retournés. <mark>Gênée</mark>, maman a mis la main sur le bras de papa:
– <mark>Calme-toi</mark>, Bernard.
Mais papa ne s'est pas calmé, et maman non plus.

Quand on est rentrés, ils sont partis dans leur chambre 50 pour discuter, la porte fermée. Impossible de suivre <mark>le débat</mark>. Mais ça ne m'intéressait pas. J'avais plutôt envie que Charles me raconte son voyage en Espagne. Et puis, il avait peut-être un cadeau pour moi. C'est normal quand on revient d'un voyage, non? 55
Je suis entrée dans sa chambre. Il avait sa guitare sur ses <mark>genoux</mark>. Quand il m'a vue, il a vite caché une photo, mais j'ai eu le temps de voir une fille aux longs cheveux noirs. Aussi noir que le regard qu'il m'a <mark>lancé</mark>.
– Hé, ho! Tu pourrais <mark>frapper</mark>! 60
– Qu'est-ce que ça veut dire? Depuis quand est-ce qu'il faut frapper avant d'entrer ici?
– Depuis toujours. C'est pas parce que tu ne l'as jamais fait que c'est pas le <mark>moment</mark> de commencer … 65
– Dis donc, moi qui étais toute contente que tu rentres …

© *Extrait de: «L'amour toujours». Ecrit par Fanny Joly, illustré par Catel. Bayard Editions 1998.*

 a *Vous ne connaissez pas encore les mots marqués (markiert) en jaune ou en vert. Travaillez à deux. Copiez les mots en vert dans votre cahier, cherchez-les dans votre dictionnaire et ajoutez la traduction allemande. Faites une grille dans votre cahier (voir plus bas) et dites pourquoi vous comprenez les mots en jaune. Ecrivez-les dans la grille.*

Exemple:

contexte (+ traduction allemande)	mots d'une autre langue	famille de mots
1. sembler – scheinen	1. le choc (dt. Schock, engl. shock)	1. le regard (~ regarder)
2. …	2. …	2. …

b *Répondez.*

- *Pourquoi est-ce que la famille a des problèmes à reconnaître Charles?*
- *Ses parents et sa petite sœur ne sont pas contents de lui. Pourquoi?*
- *Que fait Charles quand sa sœur entre dans sa chambre?*

 c *Inventez une petite histoire de dix phrases.*

- *Qui est la fille sur la photo?*
- *Elle s'appelle comment?*
- *Où est-ce que Charles l'a rencontrée?*

  9 **Deux scènes en Bretagne**

Vous trouvez cet exercice à la page 87.

10 **Savoir faire: Tout est possible …**

Regardez la stratégie dans votre livre à la page 62. Formez des nouveaux mots.

Les élèves ont préparé un article sur la Bretagne pour le journal du collège,
mais Laurent a perdu les papiers. Catastrophe! Alors, il faut tout refaire.

a *Formez des verbes avec le préfix «re-, r-» et complétez le texte.*

> **appeler   apporter   coller   commencer   descendre
> entrer   faire   se mettre   monter   trouver   se voir**

Exemple: Marc et Julien sont ____remontés____ au deuxième étage pour voir si les papiers
sont restés dans la salle de classe.

1. Ils sont _____ dans la cour du collège sans les avoir trouvés.

2. Cécile a téléphoné à Loïc pour savoir s'il avait mis les papiers dans son sac à dos. Maintenant,

elle va le _____ . Pas de chance, il n'a rien trouvé!   3. Marc dit à Laurent:

– Tu ne penses pas que tu vas les _____ ?   4. Laurent lui répond:

– Non, je ne crois pas. Je vais _____ à la maison pour regarder, mais je suis

sûr qu'ils ne sont pas chez moi.   5. Ce soir, les amis devront _____ et tout

_____ . 6. Loïc _____ son guide sur la Bretagne

et ils _____ les articles.   7. Naïma _____

les photos. 8. Alors, ils _____ tous au travail. Bonne chance, les copains!

b *Regardez dans votre dictionnaire et
cherchez les adjectifs avec le préfix
«im-, in-» pour les mots suivants:*

1. Une chose que personne ne veut acheter et qui reste dans les magasins

   est _____ (vendre).

2. Une surprise est une chose _____ (attendre).

3. Une chose qui est plus jolie que toutes les autres est _____ (comparer).

4. Ne pas dire bonjour et fermer la porte au nez des gens, c'est _____ (possible).

5. Une chose qu'on ne peut pas excuser est _____ (pardon).

6. Quelqu'un qui ne fait rien est _____ (actif).

7. Quelque chose que tu as perdu est souvent _____ (trouver).

8. Quelqu'un que tu n'as jamais vu avant est _____ (connaître).

5

c *Trouvez les verbes de la même famille qui vont avec les mots soulignés. Complétez les phrases. Puis, traduisez les noms en allemand.*

Exemple: Les Martin préparent leur <u>déménagement</u> à Paris. Ils vont → un déménagement
  __déménager__ dans trois semaines.   = ____ein Umzug____

1. L'<u>organisation</u> a été difficile. M. Martin a tout _____   → une organisation
   avec les déménageurs.   = _____
       _____

2. Les parents ont beaucoup de <u>compréhension</u> pour leurs enfants.   → la compréhension
   Ils _____ qu'ils ne veulent pas quitter   = _____
   leurs copains.

3. David a envoyé une <u>invitation</u> à tous ses amis. Il a _____   → une invitation
   les copains et les copines à une fête pour leur dire au revoir.   = _____

4. Il y avait aussi des <u>discussions</u>. Les amis ont _____   → une discussion
   des différences entre la vie à Paris et la vie à la campagne.   = _____
   Tout à coup, Mme Martin a entendu un <u>cri</u>.   → un cri

5. C'était la petite Lisa qui _____ parce que son frère   = _____
   lui avait dit d'aller dans sa chambre.

6. *Mme Martin:* Ecoute, David, la petite va rester avec vous   → une continuation
   jusqu'à 21 heures. Bonne <u>continuation</u>!   = _____
   Alors, Lisa était contente et elle a _____ à danser
   avec les grands.

d *Deux mots pour en faire un.*

Formez des mots composés et écrivez-les dans votre cahier.

un centre un camping	-service -restaurant
un café un album un jeu	-géographie photo vidéo
une station	
l'histoire une auto	-ville -car -école

Exemple: ____un centre-ville____

 **11** **Ecouter: Un coup de téléphone**

Avant d'aller sur l'île de Groix, M. Bonin téléphone à une agence de voyages
pour réserver des chambres pour un week-end avec sa famille.

a *Avant d'écouter le dialogue, regardez les mots suivants. Pensez à des mots français
de la même famille ou à des mots allemands et anglais que vous connaissez.
Si vous ne les comprenez pas, regardez dans votre dictionnaire.*

mot inconnu	mot connu	traduction allemande
une agence [de voyage]	*dt. eine Agentur*	*ein Reisebüro*
réserver [une chambre]		
un hôtel		
[une chambre] double		
un pêcheur		
un parking		
en ce moment		
une exposition permanente		
rappeler qn		

b *Ecoutez le dialogue et choisissez la bonne réponse.*

1. M. Bonin téléphone …
   à une amie. ☐
   à une agence de voyages. ☐
   à sa femme. ☐

2. Il cherche …
   trois chambres pour deux nuits. ☐
   deux chambres pour trois nuits. ☐
   deux chambres pour deux nuits. ☐

3. La famille veut …
   arriver sur l'île vendredi. ☐
   partir de l'île vendredi. ☐
   partir de la maison dimanche. ☐

4. La dame propose …
   deux hôtels avec deux étoiles. ☐
   un hôtel avec deux étoiles. ☐
   deux hôtels sans étoiles. ☐

5. M. Bonin trouve …
   l'hôtel «L'Escale» trop cher. ☐
   les deux hôtels pas très chers. ☐
   l'«Auberge du Pêcheur» aussi cher
      que «L'Escale». ☐

6. On peut arriver sur l'île …
   en voiture. ☐
   en bateau. ☐
   en avion. ☐

7. En ce moment, il …
   fait très beau et aussi très chaud. ☐
   fait un peu froid ☐
   ne fait pas très beau. ☐

8. M. Bonin …
   réserve les chambres tout de suite. ☐
   rappelle sa femme. ☐
   veut encore discuter avec sa femme. ☐

M. Bonin discute avec sa femme et avec Antonin.
Sa femme veut aller dans un hôtel trois étoiles,
et Antonin veut faire du camping.

 c *Ecrivez un dialogue de dix à quatorze phrases dans votre cahier.*

12 **Auto-contrôle: La lettre de Cécile à Lisa** → §§ 23, 24

Complétez le texte avec la bonne forme de l'adjectif ou de l'adverbe.
Vous trouvez les solutions de cet exercice à la page 95.

Salut Lisa!

Tes vacances, se sont _____ (bon) passées? Tu es toujours

_____ (fou) de Yan? Moi, _____ (dernier) je suis allée

en Suisse [1] avec ma mère. Tu sais ma tante habite là-bas, elle parle _____ (parfait)

le français et l'allemand. Elle habite à Berne. Elle nous a _____ (gentil) reçues.

_____ (Evident), j'ai visité la ville. J'ai vu _____

(énorme) de choses que je ne connaissais pas. Par exemple j'ai été voir les ours qui m'ont regardée

_____ (méchant). C'était _____ (drôle)!

Ensuite, les marchés dans la _____ (vieux) ville, où on peut acheter des

_____ (bon) fruits et des _____ (bon) légumes. Et les

musées où j'ai pu entrer _____ (gratuit). Je suis _____

(complet) _____ (amoureux) de cette ville et … de Bruno. Oui, le fils de la

_____ (gentil) voisine de ma tante. Je ne le comprends pas toujours, il parle

allemand _____ (différent). _____ (Final), c'étaient

des vacances _____ (vrai) super. J'étais _____ (triste)

quand j'ai dit «au revoir» à Bruno. _____ (Heureux), que je n'avais pas d'école ce

matin. Comme cela, j'ai pu dormir plus _____ (long).

Cécile

Ile de Groix

---
1 la Suisse die Schweiz

Auto-Evaluation

Noch einmal kannst du hier innehalten und mit Hilfe dieses Bogens versuchen herauszufinden, welche Fortschritte du seit der letzten Evaluation im Umgang mit der französischen Sprache gemacht hast.

Überlege, ob du die angegebenen Fertigkeiten sehr gut, gut oder weniger gut beherrschst. Wenn du dabei feststellst, dass du in einigen Bereichen noch nicht so sicher bist, kannst du dir die Übungen in der rechten Spalte noch einmal anschauen.

Selbsteinschätzung vom: _____.
Trage hier bitte das Datum ein.

sehr gut	gut	muss ich noch üben

	Hören Ich kann …		Übung im …
1	…in jugendgemäßer Sprache formulierte Radio-Sendungen verstehen, wenn sie langsam gesprochen werden.		SB L4/Ex. 8; SB L5/Ex. 6
2	… einem einfachen Telefongespräch folgen und diesem wichtige Informationen entnehmen.		CDA L5/Ex. 11

	Sprechen Ich kann …		Übung im …
1	… eine Geschichte erzählen und dabei textgliedernde Ausdrücke benutzen wie einleitende, überleitende oder abschließende Formulierungen (z. B. *d'abord, ensuite, puis, finalement,* etc.).		SB L5/Ex. 5
2	… mich über zukünftige Projekte unterhalten.		SB L4/Ex. 2
3	… mich in einfacher Form über Musik unterhalten, die mir gefällt.		SB S. 44
4	… einfache Gespräche dolmetschen, wenn sie ein bekanntes Thema zum Inhalt haben.		CDA L5/Ex. 6
5	… Gefühle wie Begeisterung, Gefallen, Verärgerung oder Erregung – auch in Jugendsprache – ausdrücken.		SB L4/Ex. 6
6	… Gespräche in indirekter Rede führen.		SB L5/Ex. 3; CDA L5/Ex. 1
7	… unterschiedliche Fragestrukturen benutzen, z. B. in einem Interview oder in einer Meinungsumfrage.		CDA L4/Ex. 11

	Lesen Ich kann …		
1	… einfache Texte in Jugendsprache und Jugendbuchtexte verstehen, wenn sie in einfacher Sprache verfasst sind.		SB L4/Ex. 7; SB L5/Ex. 7

�>>

2	… kurze, einfache, in der Alltagssprache verfasste Chansontexte lesend verstehen.	🚦	CdA L 4 / Ex. 6
3	… einfache SMS-Texte entschlüsseln, die mit typischen Abkürzungen abgefasst sind.	🚦	SB L 4 / Ex. 9
4	… unbekanntes Vokabular aus dem textlichen Zusammenhang auf Grund meiner Vorkenntnisse aus einer anderen Sprache oder auf Grund von Wortfamilien verstehen, wenn mir das Thema des Textes vertraut ist.	🚦	SB L 5 / Ex. 7; CDA L 5 / Ex. 8
5	… unbekannte Wörter und Ausdrücke auf Grund von bestimmten Vorsilben oder der Zusammensetzung aus zwei oder mehr mir bekannten Wörtern verstehen.	🚦	SB L 5 / Ex. 9
	Schreiben Ich kann …		Übung im …
1	… eine Geschichte in der Vergangenheit erzählen und dabei unterschiedliche Zeiten wie *Imparfait* und *Passé composé* benutzen.	🚦	SB L 5 / Ex. 1
2	… kleinere Personenporträts schreiben auf Grund von Informationen, die ich einem in einfacher Sprache verfassten Text entnehme.	🚦	SB L 5 / Album
3	… mit Hilfe sprachlicher Vorgaben und Bildern eine kleine Geschichte selbst verfassen.	🚦	CdA L 5 / Ex. 2
4	… Satzglieder durch sprachliche Mittel, z. B. *c'est … qui / c'est … que* hervorheben.	🚦	SB L 4 / Ex. 4b; CDA L 4 / Ex. 3
5	… von mir selbst verfasste Texte auf typische Fehlerquellen hin untersuchen und korrigieren.	🚦	SB L 4 / Ex. 11; CDA L 4 / Ex. 10
6	… Fehlerprotokolle anlegen über Fehler, die ich häufig mache, um sie später zu vermeiden.	🚦	SB L 4 / Ex. 11
	Interkulturelles Lernen und Landeskunde		Übung im …
1	Ich kenne einige Wörter und charakteristische Merkmale der französischen Jugendsprache.	🚦	SB L 4 / Ex. 6; CDA L 4 / Ex. 5; CDA L 4 / Ex. 8
2	Ich weiß etwas über die Bretagne, z. B. über die Ile de Groix.	🚦	SB L 5
3	Ich kenne einige Abkürzungen, die französische Jugendliche beim Schreiben von SMS benutzen.	🚦	SB L 4 / Ex. 9

Schau dir die beiden Seiten noch einmal an: Wähle aus den 5 Bereichen die Einträge aus, die für dich besonders wichtig oder interessant sind. Trage dann deine Auswahl hinten im *Cahier d'activités* auf Seite 92 ein.

35 degrés dans le Midi

[ ] **1** **Quelques conseils importants** → §§ 25, 26

a *Faites des phrases et donnez des conseils au conditionnel.*
Ecrivez dans votre cahier.

1

Je suis amoureuse d'un garçon de la 3e F. Il est super beau! ... Qu'est-ce que tu ferais, toi?

Hmm!? A ta place, je lui parlerais pendant la récré. Je ...

2

Comment? Vous avez 18 sur 20 en maths! Moi, j'ai 5! Je ne peux pas le dire à mes parents. Ils vont être en colère!

Mais, non! A ta place, nous resterions calmes. Nous ...

Exemple: lui parler – pendant la récré
1. lui offrir – glace
2. lui écrire – petit mot
3. l'inviter – cinéma
4. lui demander – numéro de son portable
5. lui envoyer – SMS

Exemple: rester calmes
1. leur dire – note – tout de suite
2. ne pas avoir peur
3. tes parents – te proposer – travailler plus
4. ajouter que ça peut arriver à tout le monde
5. leur expliquer que ce n'est qu'une mauvaise note

Bon! On peut commencer?

Adeline et Nathalie, vous ne pourriez pas arrêter de discuter! Luc, tu ...

3

Exemple:

Adeline, Nathalie – ne pas pouvoir arrêter – discuter

1. Luc – devoir ranger la BD
2. Nadine – ne pas pouvoir ouvrir – fenêtre
3. Antoine, Laurent – ne pas devoir – jouer pendant les cours
4. Mariette, Philippe – à votre place – ne pas écouter – musique
5. Benjamin – ne pas vouloir – s'asseoir
6. Laurence – falloir dormir – la nuit
7. Thibault – à ta place – ne pas toujours avoir – casque sur la tête

b *Utilisez l'impératif pour transformer (umwandeln) les phrases du professeur (numéro 3).*

Exemple: Adeline et Nathalie, arrêtez de discuter. Luc, ...   *Continuez.*

[ ] 2 Rêvons un peu! → §§ 26, 27

Jonathan Carnot discute avec Adeline. Ses parents voudraient quitter le Var pour aller vivre à Paris. Jonathan imagine sa nouvelle vie.

Mettez les verbes à l'imparfait ou au conditionnel.

1. *Jonathan:* Si j' _habitais_ (habiter) à Paris, je _____ (ne plus pouvoir) aller à la plage avec toi.

2. *Adeline:* Moi, je _____ (être) super triste, si tu _____ (déménager).

3. *Jonathan:* Moi, aussi, mais je t'_____ (envoyer) des e-mails et tu _____ (venir) à Paris. Si tu _____ (avoir) envie de prendre l'avion, est-ce que tu penses que tes parents _____ (être) d'accord de te payer le billet?

4. *Adeline:* Si le TGV _____ (être) moins cher, je suis sûre que mes parents _____ (préférer) acheter un billet de train.

5. *Jonathan:* Et, si mes parents nous _____ (laisser) seuls, nous _____ (faire) des fêtes à Paris avec mon frère.

6. *Adeline:* Ce _____ (être) génial! Est-ce que ton frère et toi, vous _____ (inviter) Elodie, si elle _____ (vouloir) venir aussi?

8. *Jonathan:* Oui, si Elodie _____ (venir), vous _____ (prendre) le train ensemble et on _____ (trouver) bien une solution pour dormir, vous _____ (prendre) ma chambre.

9. *Adeline (en colère):* Et moi, si tu _____ (inviter) aussi Elodie, je _____ (rester) chez moi et j'_____ (aller) toute seule à la plage.

3 Quelle chance! → §§ 27, 28

Voilà une interview d'un journaliste avec Mme Duclos, agricultrice à Besse.

Complétez par «si» ou «quand» (•) et mettez les verbes aux temps qu'il faut.

Le journaliste: Les pompiers ont pu sauver votre ferme[1]. Vous nous racontez un peu ce qui s'est passé?

Madame Duclos: 1. J'étais seule à la maison ___quand___, tout à coup, le chien ___a commencé___ (commencer) à hurler[2]. 2. • _____ il _____ (faire) ça, je sais qu'il y a quelque chose qui ne va pas. C'est là que j'ai vu un nuage noir … et des flammes. 3. Vite, j'ai téléphoné au 18, mais on m'a dit que les pompiers étaient tous à Brignoles. • _____ ça _____ (brûler) à plusieurs endroits[3] en même temps, c'est une catastrophe! 4. J'ai demandé • ___ il n'y _____ (avoir) vraiment rien à faire … pas de chance! 5. Ah, mon cher monsieur, • ___ on vous _____ (dire) ça dans cette situation, vous _____ (perdre) la tête comme moi. 6. J'ai crié, j'ai pleuré, • _____ j'_____ (entendre) le bruit d'un avion. 7. Et oui! Souvent, • _____ on _____ (penser) que tout est fini, l'aide[4] arrive: le canadair[5] a réussi à éteindre le feu à quelques mètres de notre ferme. 8. Une chose est sûre: • ___ j'_____ (attraper) les gens qui ont mis le feu, je _____ (être) très dure avec eux.

_____

1 une ferme ein Bauernhof – **2 hurler** *(hier)* jaulen – **3 un endroit** ein Ort – **4 une aide** eine Hilfe – **5 un canadair** ein Löschflugzeug

4 **Pompier: un métier de rêve?** → § 29

Delphine Mercier, la femme pompier, a parlé des feux de forêt aux élèves du collège de Brignoles.
Les jeunes lui ont posé beaucoup de questions.

a *Quelle réponse va avec quelle question? Utilisez des crayons de couleurs (Buntstifte).*

1. Qu'est-ce qui vous plaît dans votre métier?	a. Il y en a trois.
2. Combien d'eau est-ce qu'un canadair[1] peut transporter[2]?	b. J'y suis depuis quatre ans.
3. Depuis quand est-ce que vous êtes dans cette équipe?	c. Il peut en transporter presque 10 000 litres[3].
4. Est-ce qu'il y a beaucoup de femmes pompiers dans le Var?	d. Oui, j'y vais souvent.
5. Est-ce que vous devez aussi vous entraîner à la piscine?	e. Oui, j'en ai déjà vécu.
6. Avez-vous déjà vécu des situations très dangereuses?	f. Ce qui m'y plaît le plus, c'est que je peux aider d'autres personnes.

b *Répondez à la place de Delphine Mercier et remplacez les parties soulignées par «y» et «en».*

Exemple: Est-ce qu'un pompier peut porter <u>des lunettes</u>? → <u>Oui, il peut en porter.</u>

1. Est-ce que nous devons passer <u>des tests en maths</u> si nous voulons devenir pompier?

   Non, _____

2. Avez-vous <u>des enfants</u>?

   Non, _____

3. Est-ce que vous devez aller souvent <u>au travail</u> la nuit?

   Oui, _____

4. Est-ce que vous êtes déjà montée <u>dans un canadair</u>?

   Oui, _____

5. Avez-vous peur <u>du feu</u>?

   Oui, _____

5 **La famille Mercier**

Delphine Mercier n'est pas fille, nièce ou sœur de pompier. Dans sa famille, il n'y a personne qui fait ce métier.
Et, pourtant, si, un jour, Delphine Mercier a rêvé de devenir femme pompier, c'est peut-être un peu grâce à …

Devinez leur métier et trouvez les mots qui manquent.

1. Amélie   2. Alain   3. Arnaud   4. Caroline   5. Charlotte

---

1 un canadair ein Löschflugzeug – **2 transporter qc** etw. befördern – **3 un litre** ein Liter   ➤➤

1. … sa tante Amélie qui, pendant longtemps, a aimé la couleur _____ ,

la couleur exacte des _____ de pompier. Il y avait

cette couleur partout sur ses tableaux. Amélie est une __ __ __ __ __ T __ bizarre.

2. … son oncle Alain qui attrape ceux qui mettent le feu à la forêt, car Alain est __ O __ __ __ __ __ __ .

3. … son frère avec qui Delphine grimpait dans les _____ quand ils étaient petits.

Plus tard, Arnaud qui, finalement, préfère la chaleur et les cassoulets est devenu __ __ I __ __ __ __ __ __ .

4. … sa sœur qui téléphone tout le temps aux pompiers pour savoir s'il se passe quelque chose à raconter

dans son _____ . C'est normal: Caroline est __ __ __ __ N __ __ __ __ __ __ .

5. … sa cousine Charlotte qui aime se promener dans la _____

et qui a appris à connaître tous les villages du Var, elle est __ __ I __ __ pour les touristes.

---

6 **Mes parents ne prennent jamais de vacances.**

Aurélien, 12 ans et demi, a un problème: ses parents n'arrêtent pas de travailler.
Il a écrit à *L'Hebdo, le Monde des ados*. Voilà ce qu'on lui a répondu.

a *Lisez la lettre d'Aurélien et les réponses.*

Mes parents ne prennent jamais de vacances.
Ils sont boulangers et ils se lèvent tous les matins
à quatre heures. Ils ne peuvent presque jamais
aller en vacances, même pas en été.
C'est pourquoi ils sont souvent énervés et c'est
l'horreur à la maison. Que faire?
Aurélien, 12 ans et demi

Besoin de vacances
Mon père était aussi comme ça avant. Il est directeur
et il a beaucoup de travail. Le soir, quand il rentrait
très tard, il était toujours très énervé. Maintenant, je
sais ce qu'il faut faire, et je te donne un conseil pour
tes parents: Dis-leur de faire du sport une fois par
semaine. Depuis que mon père a commencé à en
faire, ça va beaucoup mieux entre nous.
Clémence, 12 ans

Rien qu'une petite minute
Ils ont bien une minute? Alors, tu discutes avec tous
les deux, et tu leur dis ce que tu penses. Je suis sûre
qu'ils vont t'écouter. Et puis, quand ils sont énervés,
dis-toi que ce sont des histoires de parents. Allez,
courage!
Océane, 13 ans

Quelques minutes pour tes parents
Tes parents travaillent beaucoup et il est normal
qu'ils s'énervent quelques fois. Ils ont besoin de se
reposer[1] un peu. Il faut leur dire de prendre un peu
de vacances. Et toi, tu vas voir des amis. Tes parents
seront contents pour toi et seront plus calmes.
Amélie, 15 ans

Un enfant comme un autre
Tes parents n'ont pas un métier facile et travaillent
dur. Mais si, pour toi, c'est l'horreur, parles-en avec
eux. Dis-leur que tu es un enfant comme les autres
et que tu en as marre de les voir toujours énervés.
Anaïs, 12 ans

Boire un café
Si tu es cool avec eux, ils le seront avec toi! Par
exemple, prépare-leur un bon café. Ne les énerve
pas le matin et ne leur dis pas, par exemple: – J'ai
oublié de vous dire quelque chose! Hier, j'ai eu
une mauvaise note! Ou encore: – Pourquoi y'a pas
d'gateau aujourd'hui? Bon!
Mélanie, 12 ans

© L'Hebdo, le Monde des ados n° 26, Fleurus Presse, 2003.

_____
1 se reposer sich ausruhen

Florence Cestac

b *Qui dit ça? Ecrivez les résponses.*

1. Les parents doivent trouver une minute pendant laquelle ils ne travaillent pas. Pourquoi ne pas faire du sport?	2. Aurélien doit expliquer à ses parents que, pour lui aussi, c'est dur. Ne rien dire, ce n'est pas la solution!	3. Les parents d'Aurélien ont un métier difficile. Aurélien doit aussi comprendre ses parents.	4. Sois sympa avec eux! Ne les énerve pas!	5. Ne reste pas toujours avec tes parents. Laisse les travailler! Va chez des copains! Va t'amuser!	6. Je te comprends parce que j'avais le même problème que toi. Maintenant, j'ai trouvé une solution.	7. Ils vont bien sûr trouver une solution si tu leur expliques ton problème.
C'est _____ _____ .	Ce sont _____ et _____ .	C'est _____ _____ .	C'est _____ _____ .	C'est _____ _____ .	C'est _____ _____ .	C'est _____ _____ .

Maintenant, Aurélien parle à ses parents.

c *Imaginez le dialogue et écrivez-le dans votre cahier.*

 7 **Pourquoi tu ne m'as rien dit?**

Vous trouvez cet exercice à la page 88.

 8 **Ecouter: Une famille ou un métier?**

a *Ecoutez le texte deux fois et cochez la bonne réponse.*

1. Ce texte est une émission de radio. ☐ un sketch. ☐ une scène de film. ☐	2. Qui est-ce qui parle? JB et Céline Delarue. ☐ JB et Cécile Delarue. ☐ JB et Sicile Delarue. ☐	3. De quoi est-ce qu'on parle? D'un journal. ☐ D'un livre. ☐ D'un sondage. ☐
4. De qui est-ce qu'on parle? Des 11 à 15 ans. ☐ Des 15 à 24 ans. ☐ Des 11 à 24 ans. ☐	5. Pour les ados, la famille: ce n'est pas important. ☐ c'est le plus important. ☐ On ne sait pas. ☐	6. Les ados veulent d'abord une famille, un métier et des amis. ☐ des amis, un métier et une famille. ☐ un métier, une famille et des amis. ☐
7. Le sport, ça compte pour les garçons. ☐ les filles. ☐ les garçons et les filles. ☐	8. Les filles veulent deux choses: une famille et un métier. ☐ une famille et des amis. ☐ une famille et des vêtements. ☐	9. Etre heureux, c'est le rêve de beaucoup de jeunes. ☐ très peu d'ados. ☐ On ne sait pas. ☐

b *Lisez ces phrases. Puis, écoutez le texte encore une fois et complétez-le.*

1. Pour _____% des jeunes, la famille est le plus important.	4. _____% des garçons répondent que la musique, c'est une chose importante dans la vie.
2. Seulement _____% des jeunes pensent à l'argent.	5. Seulement _____% des jeunes répondent qu'ils veulent être heureux.
3. _____% des filles veulent une famille et _____% veulent un métier intéressant.	

c *Qu'est-ce qui est le plus important pour vous dans la vie? Ecrivez cinq phrases dans votre cahier.*

9 **Ecrire: La vie à la campagne, est-ce la vraie vie?**

Manu Larcenet est dessinateur de BD. Il a quitté Paris pour vivre à la campagne
avec sa femme. Ils habitent maintenant dans un village près de Lyon. Manu Larcenet
raconte cette nouvelle vie dans les trois albums de sa BD «Le retour[1] à la terre».

a *Regardez les couvertures[2] des BD. Imaginez la nouvelle vie du dessinateur.
Quelle est la différence pour Manu Larcenet entre la vie à Paris et la vie à la campagne?
Ecrivez un petit texte de dix phrases dans votre cahier.*

© *Dargaud, 2005.*

© *Dargaud, 2005.*

© *Dargaud, 2005.*

b *La vie à la campagne, est-ce pour vous «la vraie vie»? Ecrivez cinq phrases dans votre cahier.*

10 **Savoir faire: Virginie et son sport préféré**

Lisez encore une fois la stratégie à la page 75 de votre livre.

Pour mieux comprendre la vidéo, voici quelques mots importants.

un parachutiste / une parachutiste
ein Fallschirmspringer / eine Fallschirmspringerin –
un parachute ein Fallschirm – **le parachutisme**
das Fallschirmspringen – **un saut** ein (Ab)Sprung –
une drogue eine Droge – **un habitant / une habitante**
ein Einwohner / eine Einwohnerin – **un chien de garde**
ein Wachhund – **le ciel** der Himmel – **la Manche**
der Ärmelkanal

a *Regardez et écoutez une ou deux fois le premier épisode
du film «Me voilà» sur le CD.*

1 **un retour** eine Rückkehr – 2 **une couverture** ein Umschlag

b *Vrai ou faux? Si la phrase est fausse, corrigez-la.*

	V	F	Correction
1. Virginie Bouette a un parachute rouge et bleu.			_____
2. Quand elle fait un saut, elle porte un casque.			_____
3. Ses meilleurs amis s'appellent Doris et Baptiste.			_____
4. Avec sa famille, Virginie habite au Havre, une ville en Normandie.			_____
5. Les maisons typiques de la région, «les Chaumières», ont des toits rouges.			_____
6. Virginie a deux sœurs.			_____
7. Les Bouette ont un chien noir et un chat blanc.			_____
8. Les parents de Virginie ont plus de 40 ans.			_____
9. C'est son père qui a eu l'idée de faire ce sport.			_____
10. Le centre où Virginie n'a qu'un seul avion.			_____
11. Plus tard, Virginie veut travailler chez Airbus.			_____

c *Cochez la bonne réponse. Plusieurs solutions sont possibles!*

1. Virginie fait du parachutisme depuis
   - 3 ans. ☐
   - 4 ans. ☐
   - 5 ans. ☐

2. Pour elle, le parachutisme
   - est une drogue. ☐
   - est malheureusement trop cher. ☐
   - est un jeu. ☐

3. Le Havre est au bord
   - de l'Atlantique ☐
   - de la Manche ☐
   - de la Méditerranée ☐
   et a
   - 200 000 habitants. ☐
   - 300 000 habitants. ☐
   - 400 000 habitants. ☐

4. Le chien des Bouette est
   - un chien de garde ☐
   - un chien de chasse ☐
   - un chien de course ☐
   qui a
   - 7 ans. ☐
   - 10 ans. ☐
   - 12 ans. ☐

5. Dans le centre de parachutisme, un saut coûte
   - 20 €. ☐
   - 50 €. ☐
   - 80 €. ☐

6. Pour les payer, Virginie
   - travaille comme baby-sitter. ☐
   - aide ses parents au travail. ☐
   - travaille dans le centre. ☐
   - répare des avions. ☐

7. Plus tard, Virginie veut devenir
   - pilote de ligne ☐
   - femme pompier ☐
   - professeur de parachutisme ☐
   parce qu'
   - elle peut voyager beaucoup. ☐
   - elle n'a plus envie de voir sa famille. ☐
   - elle peut travailler dans le ciel. ☐
   - elle a déjà travaillé chez Air France. ☐
   - elle peut gagner beaucoup d'argent. ☐

11 Lire: Si seulement Nini Patalo n'avait plus de parents …

a *Lisez la BD.*

© Editions Glénat, nini patalo, 2003.

---

1 débarrasser qc etw. abräumen – **2 un carnage** ein Gemetzel – **3 un vase** eine Vase – **4 une mémé** *(fam.)* eine Omi *(ugs.)* –
5 être privé(e) de qc etw. nicht bekommen – **6 l'étoile du soir** *(f.)* der Abendstern – **7 insupportable** unerträglich –
8 disparaître verschwinden – **9 un vœu** ein Wunsch – **10 se réaliser** sich verwirklichen – **11 une contrainte** ein Zwang –
12 un petit dèj' d'enfer *(fam.)* ein Riesenfrühstück *(ugs.)* – **13 un événement** ein Ereignis

b *Lisez les phrases et cochez la bonne réponse.*

	vrai	faux	on ne sait pas
1. Si seulement j'avais des parents, je pourrais aller à l'école.			
2. Je rêve d'être une étoile.			
3. Je voudrais partir en vacances.			
4. J'aimerais faire ce que j'ai envie de faire.			
5. Mes parents ont quitté la ville, car ils ont peur des policiers.			
6. Malheureusement, il n'y a rien à manger.			
7. J'aimerais avoir un père et une mère comme tous les enfants.			
8. Je rêve et mes parents vont bientôt me réveiller.			
9. Etoile du soir, j'aimerais changer mon rêve.			

 c *Ecrivez la suite de l'histoire dans votre cahier. Faites dix phrases.*

 12 **Le tour de France de Geneviève Bricault** → § 17

Geneviève Bricault va partir en vacances le premier juillet. Elle fait le plan de ses vacances.

a *Lisez le texte.*

1. Nos vacances commencent le 1ᵉʳ juillet. 2. D'abord, avec mon mari, on va en Normandie. 3. Le matin, pendant que je fais de la voile, mon mari lit un livre. 4. L'après-midi, on va ramasser des coquillages. 5. On part trois jours plus tard pour la Bretagne. 6. Nous prenons aussi le bateau pour aller sur les îles, si on a le temps. 7. Ensuite, on retrouve nos amis, Jean et Lili, dans leur maison à Dijon. 8. Ils nous font des bons petits plats. 9. Après, on va jusqu'à Brignoles. 10. On rêve depuis longtemps d'aller dans le Var. 11. Mais on a peur des incendies et c'est pourquoi que nous ne restons pas longtemps. 12. Nous ne continuons pas notre voyage jusqu'à Nice. 13. Je rêve de découvrir la baie des Anges[1] l'année prochaine!

Puis, Mme Bricault parle de ses projets de vacances à la voisine du 3ᵉ étage.

b *Employez le futur simple. Ecrivez dans votre cahier.*

Exemple: Nos vacances commenceront le 1ᵉʳ juillet.
2. D'abord, …

 13 **Souvenirs, souvenirs …**

Vrai ou faux. Si la phrase est fausse, corrigez-la.

1. Le symbole de Dijon est un escargot.

_____

2. Groix est un village en Bretagne.

_____

3. A Fécamp, on peut ramasser des coquillages.

_____

4. Le fleuve[2] qui traverse Paris, c'est la Garonne?

_____

5. Lyon n'est pas au bord de la mer.

_____

6. Nice se trouve entre la mer et la montagne.

_____

_____

1 **la baie des Anges** *die Bucht von Nizza* – 2 **un fleuve** ein Fluss

Complétez par «si» ou «quand» et mettez les verbes aux temps qu'il faut.
Vous trouvez les solutions de cet exercice à la page 95.

1. Pourquoi je _____ (devenir) femme pompier?

2. Ben, _____ ça vous _____ (intéresser),

   je vous _____ (raconter) mon histoire.

3. _____ j'_____ (avoir) votre âge, mes parents et moi,

   nous _____ (habiter) à Paris.

4. Un jour, il _____ (faire) gris et il _____ (pleuvoir)

   depuis des semaines, alors, mon père nous _____ (montrer)

   une annonce et il _____ (dire):

5. – Et, _____ on _____ (déménager)?

6. Vous _____ (avoir envie)

   d'habiter dans le Midi?

7. Je _____ (pouvoir) travailler à la gendarmerie,

   et Delphine _____ (aller) au lycée de Brignoles.

8. _____ nous _____ (visiter) la maison,

   c'_____ (être) le rêve et nous _____ (quitter) Paris.

9. Mais cet été-là, il y _____ (avoir) des incendies très graves dans la région,

   et c'est là que _____ (décider) de devenir femme pompier.

10. Zut! Il est déjà l'heure! _____, un jour, j'_____ (avoir) plus de temps, je vous

    _____ (parler) de mes aventures et surtout de mon premier vol en canadair [1] …

A vendre
Vieille maison, 6 pièces,
près de Brignoles (Var),
calme, grand jardin, libre

☎ Tél.: 06.76.45.11.23

Brignoles

─────────
1 un canadair ein Löschflugzeug

[Module 2]

Un cyberprojet

1 **Que c'est facile!** → § 30

a *Ecrivez les formes du subjonctif dans les cases (Kästchen).*

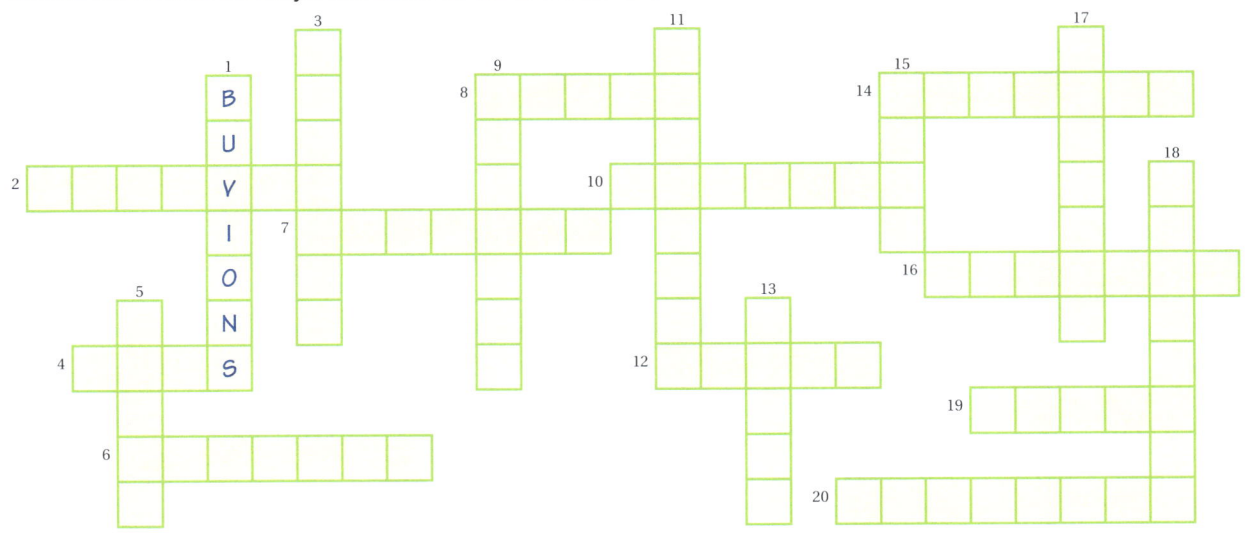

Il faut que / qu'

1. ↓ nous (boire)	5. ↓ elle (boire)	9. ↓ je (finir)	13. ↓ nous (avoir)	17. ↓ ils (porter)
2. → tu (écrire)	6. → nous (voir)	10. → elle (attendre)	14. → nous (aller)	18. ↓ elles (venir)
3. ↓ tu (pouvoir)	7. → vous (savoir)	11. ↓ nous (mettre)	15. ↓ tu (avoir)	19. → il (aller)
4. → je (être)	8. → il (faire)	12. → vous (être)	16. → vous (prendre)	20. → ils (pouvoir)

 b *Travaillez à deux. Vous donnez six numéros entre 1 et 20 à votre voisin. A tour de rôle (abwechselnd), vous utilisez la forme du verbe correspondant (entsprechend) dans une phrase. Commencez vos phrases par les verbes «vouloir que, désirer que, il faut que, il est important que».*

Exemple: <u>9: Le professeur veut que Lucien finisse ses devoirs.</u>　　*Continuez.*

2 **Les rêves de Marc** → § 31

Marc pense à Sandrine, une jeune fille qu'il aime bien.

Imaginez ses rêves. Continuez les phrases, faites une petite histoire et utilisez l'indicatif ou le subjonctif.

Exemple: <u>Je trouve qu'elle est la plus jolie fille du monde.</u>

1. Je trouve
2. Je voudrais
3. Je suis triste
4. J'espère
5. Je pense　　que
6. Il faut　　qu'
7. Il est possible
8. J'aimerais bien
9. Il est important

C'est le premier jour à Marseille. Les élèves français et les élèves allemands
sont au CDI du collège Longchamps pour préparer leur site franco-allemand.
Jan et Laure regardent les autres élèves. Jan pose des questions à Laure.

Ecrivez les réponses de Laure. Utilisez «celui, celle, ceux, celles».

Jan	Laure
Exemple: – Qui est ce garçon?	(manger un sandwich / Pierre / toujours faim) – Celui qui mange un sandwich? C'est Pierre. Il a toujours faim.
1. – Et cette fille là-bas?	(porter des lunettes / Sarah) _____ _____
2. – Et qui est le garçon avec le t-shirt rouge?	(regarder des photos / Julien) _____ _____
3. – Les deux garçons à côté de la fenêtre, ce sont des élèves de ta classe?	(ne rien faire, regarder tout le temps les filles / oui / élèves de la classe de Laure) _____ _____ _____

4. – Moi, j'aime bien ces deux filles aussi. Elles ont l'air sympas.	(lire des BD / ne pas les connaître) _____ _____
5. – Qui sont le garçon et la fille à la première table?	(parler tout le temps/ Elodie et Farid) _____ _____
6. – La dame là-bas, ce n'est pas Mme Bagnoli?	(travailler à l'ordinateur / si / Mme Bagnoli) _____ _____
7. – Et qui est ce monsieur?	(avoir une barbe / M. Berger, le professeur de Jan) _____ _____
– Ah oui, c'est lui. Je crois qu'il me faut des lunettes!	

4 L'excursion des cybercollégiens → § 33

Le matin avant le départ. Il faut penser à tout. Mme Bagnoli pose beaucoup de questions à ses élèves.

Répondez aux questions et remplacez (ersetzt) les mots soulignés par des pronoms. Faites attention à l'accord du participe passé.

Exemple:
Mme Bagnoli: Emilie, vous avez rangé les chambres?
Emilie: Non, madame, aujourd'hui, les garçons

(ranger) 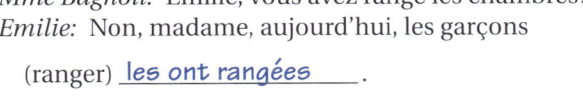 les ont rangées .

1. *Mme Bagnoli:* Nathalie, tu as pris les boissons?

   Nathalie: Oui, madame, je (mettre – dans le bus) _____.

2. *Mme Bagnoli:* Sylvie, vous avez pris vos pique-niques?

   Sylvie: Oui, nous (prendre avec nous) _____.

3. *Mme Bagnoli:* Marc, tu as pris ta guitare?

   Marc: Je (mettre – dans le bus) _____.

4. *Mme Bagnoli:* Qui a préparé les sandwichs?

   Farid: Aujourd'hui, ce sont Bruno et Christophe qui (préparer) _____.

5. *Mme Bagnoli:* Laurent, tu n'as pas oublié la caméra?

   Laurent: Mais, madame, je (ne jamais oublier) _____.

6. *Mme Bagnoli:* Vous avez tous pris vos lunettes de soleil?

   Alexandre: Quelle question, madame, vous voyez bien que nous (prendre) _____.

7. *Mme Bagnoli:* Est-ce que vous avez trouvé les ballons pour la plage?

   Luc: Malheureusement, nous (ne pas touver) _____. Nous ne savons pas où ils sont.

5 **Ecrire: Amicalement!**

Voilà une liste d'expressions qu'on utilise dans des lettres.

> 1. J'ai bien reçu votre lettre du … et je vous en remercie.[1] / Je vous remercie de …
> 2. Pourriez-vous (m'envoyer) … / Je vous prie[2] de bien vouloir (m'envoyer) …
> 3. Salut, / Mon cher …, / Ma chère …,
> 4. Merci pour ta lettre. / Je te remercie pour …
> 5. Madame, / Monsieur, / Chère Madame, / Cher Monsieur, / Mesdames, Messieurs,
> 6. As-tu envie de … / Est-ce que tu peux (m'envoyer) …?
> 7. Je m'intéresse à … / Je voudrais savoir si (quand / pourquoi, etc.) …
> 8. A bientôt. / Amicalement. / Je t'embrasse. / Salut. / Au revoir.
> 9. Meilleures salutations. / Salutations distinguées. / Dans l'attente[3] de votre réponse,
>   je vous prie de croire, monsieur / madame, à l'expression de mes sentiments distingués.
> 10. Je t'écris parce que …

a *Trouvez les expressions qu'on utilise dans des lettres privées[4] et celles qu'on utilise dans des lettres officielles[5] et écrivez les numéros dans le tableau.*

	lettre privée	lettre officielle
Pour commencer	*Exemple:* numéro ___3___	numéro _____
Pour parler de l'objet de la lettre	numéro _____	numéro _____
Pour remercier qn	numéro _____	numéro _____
Pour demander qc	numéro _____	numéro _____
Pour finir la lettre	numéro _____	numéro _____

Laure a reçu une lettre de Wiebke, qui l'invite à passer une semaine dans sa famille à Hambourg. Elle lui répond et elle écrit aussi une lettre aux parents de Wiebke pour leur dire merci.

b *Retrouvez d'abord la lettre à Wiebke; puis, celle à ses parents et écrivez-les dans votre cahier. Pour voir si vous avez trouvé la bonne solution, écrivez les lettres devant chaque ligne dans les cases (1–12) sous l'exercice. Vous y trouvez encore une expression qu'on met à la fin d'une lettre à un ami ou une amie.*

s	Est-ce que tu pourrais me dire pour combien de temps tu m'attends?	s	Je suis très contente que vous m'invitiez et c'est avec plaisir[6] que je vais venir en Allemagne.
s	Laure	b	Chère Madame, cher Monsieur,
g	Ma chère Wiebke,	s	Avec mes salutations distinguées.
s	J'attends de tes nouvelles.	♡	Laure
e	Pourriez-vous me dire s'il y a des choses que je pourrais vous apporter de la France?	i	Je vous remercie de votre gentille invitation[7].
r	Merci pour ta lettre.	o	J'ai bien envie de venir chez toi en août.
e	Amicalement.		

1	2	3	4	5	6	7		8	9	10	11	12	13

---

1 **remercier qn de qc** sich bei jdm. für etw. bedanken – **2 prier qn de faire qc** jdn. bitten, etw. zu tun –
3 **une attente** eine Erwartung – **4 privé / privée** persönlich, privat – **5 officiel / officielle** amtlich, offiziell –
6 **un plaisir** eine Freude – **7 une invitation** eine Einladung

c *Ecrivez deux lettres:*
- *l'une à un ami français/une amie française que vous avez rencontré/rencontrée en France l'année dernière et qui vous a envoyé une BD pour votre anniversaire;*
- *l'autre à une auberge de jeunesse à Marseille pour demander des informations sur l'auberge, par exemple les prix des chambres (adresse: A. J. «Bonneveine», Impasse Bonfils, Avenue Joseph Vidal, 13008 MARSEILLE, FRANCE). N'oubliez pas de mettre la ville, la date, etc.*

6 **Vous vous connectez.**

Regardez l'image. Complétez le texte avec les mots suivants.

> **la souris   la salle des ordinateurs   se connecter (2x)   se planter
> le jeu vidéo   un écran   un site   cliquer   le logiciel   un cyberprojet**

La classe de 3ᵉ A est dans _____ . Les élèves veulent travailler

à un _____ sur Marseille.

M. Beaulieu: J'ai déjà installé pour vous _____ . On va chercher _____ sur

Marseille. D'abord, vous devez _____ à Internet. _____ deux fois

sur le symbole d'explorateur[1].

Alain: Monsieur, je ne vois plus rien sur mon _____ , mon ordinateur _____ .

Pascal: M. Beaulieu, Fabien a pris ma _____ , je ne peux pas _____ .

Sophie: Regarde, Magalie, tu connais ce _____ , il est chouette.

———

1 l'explorateur *(m.)* der (Internet) Explorer

7 **Une pub sur Internet**

Lisez le texte. Si vous ne comprenez pas tous les mots ce n'est pas grave. Puis, répondez aux questions.

1. Le texte est la première page d'un magazine[1]. une publicité pour un magazine. un article de journal sur un magazine.	☐ ☐ ☐	3. Le magazine «J'aime lire» paraît[3] une fois par semaine. tous les 15 jours. une fois par mois.	☐ ☐ ☐
2. Le magazine s'adresse[2] à des adolescents. à des parents. à des enfants de 7 à 10 ans.	☐ ☐ ☐	4. Cette publicité s'adresse aux enfants. aux jeunes. aux parents.	☐ ☐ ☐

1 un magazine eine Zeitschrift – **2 s'adresser à qn** für jdn. bestimmt sein – **3 paraître** erscheinen

Montrez cela par une phrase du texte!

_____

_____.

5. On peut recevoir le cadeau
   onze mois. ☐
   toute l'année. ☐
   trois mois. ☐
		6. Le cadeau, c'est
		   un livre. ☐
		   un magazine. ☐
		   un jeu. ☐	

7. Combien de lecteurs[1] a ce magazine?
   moins de 100 000 enfants. ☐
   plus de 2 000 000 d'enfants. ☐
   plus de 5 000 000 d'enfants. ☐
		8. Où est-ce que tu peux trouver d'autres
		   informations sur ce magazine?
		
		   _____	

  8 Les fêtes

> Vous trouvez l'exercice à la page 89.

9 Ecouter: Ici Radio Ados!

 a *Ecoutez le texte deux fois et cochez la bonne réponse.*

1. Radio Ados annonce un reportage
   sur le festival de la musique. ☐
   sur les collèges de Marseille. ☐
   sur le festival des cybercollégiens. ☐
		2. Le collège Longchamps et le lycée am Deich
		   ont gagné le deuxième prix. ☐
		   n'ont pas gagné. ☐
		   ont gagné 200 euros. ☐	

3. Le premier prix est
   un livre de poèmes. ☐
   des t-shirts et 100 euros. ☐
   des t-shirts et 200 euros. ☐
		4. Wiebke
		   n'est pas contente de son prix. ☐
		   voudrait avoir le premier prix. ☐
		   trouve que le deuxième prix est mieux
		     que le premier. ☐	

5. Elodie raconte que sur leur site
   il y a des poèmes. ☐
   il y a des informations sur Marseille et
   sur Hambourg. ☐
   il n'y a pas de photos. ☐
		6. Sven dit que le travail
		   était intéressant et drôle. ☐
		   n'était pas assez intéressant. ☐
		   était trop dur. ☐	

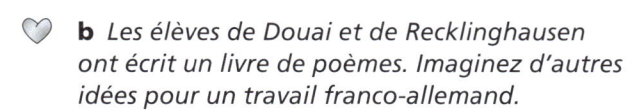 **b** *Les élèves de Douai et de Recklinghausen
ont écrit un livre de poèmes. Imaginez d'autres
idées pour un travail franco-allemand.*

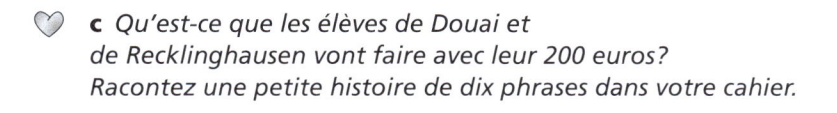 **c** *Qu'est-ce que les élèves de Douai et
de Recklinghausen vont faire avec leur 200 euros?
Racontez une petite histoire de dix phrases dans votre cahier.*

_____

1 un lecteur / une lectrice ein Leser / eine Leserin

a *Regardez les adjectifs et cherchez les adverbes.*

bon	_____	complet	_____
mauvais	_____	gentil	_____
calme	_____	évident	_____
méchant	_____	normal	_____
rapide	_____	dur	_____
malheureux	_____	sûr	_____

Complétez:

Pour former l'adverbe, on prend la forme ☐ masculine ☐ féminine

de l'adjectif et on ajoute _____ . Les adjectif en -ent ou -ant

forment l'averbe en _____ ou en _____ .

b *La place de l'adverbe. Mettez les adverbes à la bonne place et écrivez les phrases dans votre cahier.*

1. Les cybercollégiens sont contents (vraiment).
2. Ils ont terminé le site (déjà).
3. Ils vont avoir du succès (sûrement).
4. Ils peuvent faire une pause (maintenant).
5. Ils ont encore le temps pour faire un tour à la mer (heureusement).
6. Ils ont attendu ce moment (longtemps).
7. Mais ils sont fatigués (complètement).
8. Demain, ils ne vont pas se lever (facilement).

c *Adjectif ou adverbe? Complétez.*

1. Luc a répondu très (gentil) _____ à ma lettre.

2. Cette semaine, il a travaillé (dur) _____ parce qu'il a beaucoup de tests au collège.

3. Il écrit que sa sœur Julie n'est pas (méchant) _____ , mais souvent, elle parle

   (méchant) _____ de sa copine Sylvie qui est son amie. Mais Julie ne le sait pas.

4. Il dit aussi que Julie a (bon) _____ travaillé à l'école.

5. Elle a même (meilleur) _____ travaillé que Sylvie qui est (amoureux) _____

   de lui. Luc me raconte que, pour mettre fin à cette histoire, il a parlé à sa sœur.

6. Elle s'est mise en colère et a parlé très (fort) _____ .

7. Luc lui a dit: – On t'entend très (bon) _____ .

8. Mais, quand même, c'était une (bon) _____ solution d'avoir parlé.

9. La fin de l'histoire, c'est que Julie a invité Sylvie, et elles ont mangé avec Luc une tarte

   aux pommes qui sentait très (bon) _____ .

10. Et tous les trois ont (bon) _____ rigolé.

11 **Savoir faire: Les faux amis**

Pendant le cyberprojet, Mirko habite chez Alexandre. Il a écrit une lettre
à son correspondant Arnaud qui vit à Paris, mais il a fait des fautes
parce que beaucoup de ses mots sont des «faux amis». Voilà sa lettre.

Marseille, le 2 novembre 20…

Cher Arnaud,
Me voilà à Marseille avec des copains de classe parce qu'on prépare un site franco-allemand pour le
festival européen des cybercollégiens. J'habite chez Alexandre, un garçon français, dans une grosse
5 maison. Sa famille est très nette. Arnaud a un frère qui va déjà au gymnase. Moi, j'habite dans sa
chambre qui se trouve au par terre de la maison. Comme il fait beaucoup de musique, il y a un clavier près
de son lit, et il y a aussi un régal avec des comiques. Comme il y a beaucoup de soleil dans le sud de la
France, les fenêtres en glace ont des jalousies qui sont fermées presque tout le temps. J'ai encore toutes
mes affaires dans le coffre parce que je n'avais pas encore le temps de les mettre dans l'armoire. Nous
10 travaillons toute la journée à notre site, et il nous faut beaucoup de fantaisie. Nous voulons gagner le
premier prix, bien sûr! Hier, j'ai voulu prendre des photos, mais je n'avais plus de film dans mon appareil
photo. Alors, j'ai arrêté le travail et j'ai visité Elodie, une fille très sympa. Nous avons pris un cacao
ensemble. Et toi, comment ça va? J'attends de tes nouvelles.

Salut   Mirko

a *Travaillez à deux. Quels mots allemands est-ce que Mirko a voulu traduire en français?*
Complétez le tableau. Si vous n'êtes pas sûrs, regardez dans votre dictionnaire.

traduction allemande du mot français	français	allemand	traduction française du mot allemand
Exemple: dick	gros, grosse	groß	grand, grande
_____	net, nette	_____	_____
_____	un gymnase	_____	_____
_____	un clavier	_____	_____
_____	un régal	_____	_____
_____	comique	_____	_____
_____	par terre	_____	_____
1. _____ 2. _____	une glace	_____	_____
1. _____ 2. _____	la jalousie	_____	_____
1. _____ 2. _____	un coffre	_____	_____
1. _____ 2. _____	la fantaisie	_____	_____
_____	un film	_____	_____
_____	visiter	_____	_____
_____	le cacao	_____	_____

b *Corrigez la lettre de Mirko. Ecrivez les corrections dans votre cahier.*

12 Auto-contrôle 1: Ah, j'aimerais bien … → § 31

Complétez les phrases et mettez les verbes à l'indicatif ou au subjonctif.
Vous trouvez les solutions de cet exercice à la page 95.

1. – Je voudrais que les parents (faire plus attention – à leurs enfants) _____
   _____ .

2. – Moi, je voudrais que mes parents et moi, nous (faire plus de choses ensemble) _____
   _____ .

3. – J'aimerais que ma mère (ne pas avoir besoin de travailler et pouvoir s'occuper de moi) _____
   _____ .

4. – J'espère qu'un jour mon père (pouvoir passer les vacances avec nous) _____
   _____ .

5. – Moi, je crois que nous (pouvoir rentrer en Algérie un jour) _____
   _____ .

6. – Je suis content que mon père (avoir encore du travail) _____

7. – J'aimerais qu'à l'école, on (apprendre plus de choses sur la vie) _____
   _____ .

8. – Moi, je suis triste que les profs (connaître si peu les problèmes des jeunes) _____
   _____ .

13 Auto-contrôle 2: Une visite à Paris → § 33

Patrick a fait une excursion avec sa classe à Paris. Il écrit une lettre à son ami.

Faites attention à l'accord du participe passé. Vous trouvez les solutions de cet exercice à la page 95.

> Salut Adrien,
>
> Nous voilà donc à Paris. Quelle ville! Tu l'aimerais certainement aussi. J'adore les places que
> nous avons traversé_____, les ponts que nous avons vu_____, les petits cafés où nous
> nous sommes reposé_____ . Nous avons fait_____ un tour sur les Champs-Elysées.
> La Place Charles de Gaulle, nous l'avons traversé_____ à pied. La Tour Eiffel, bien sûr,
> nous l'avons visité_____ et je l'ai bien aimé_____ . Pour le métro, notre prof nous a aidé_____ .
> Les stations, nous ne les avons pas toujours trouvé_____ tout de suite, mais le prof nous les a
> montré_____ et nous a expliqué_____ le plan. Pour demain, le prof a organisé la visite de deux
> musées qu'il a choisi_____ pour nous. Oh, quelle barbe! Les musées, je ne les ai jamais aimé_____ .
> Hier soir, nous avons été_____ dans le Quartier Latin. Les petites rues dans ce quartier, je les ai
> beaucoup aimé_____ . Nous sommes entré_____ dans une discothèque que nous avons trouvé_____
> quand nous nous sommes promené_____ dans le quartier.
> Tu peux t'imaginer que les activités que nous avons fait_____ nous ont bien fatigués.
> C'est pourquoi j'arrête ici. Je te raconterai tout plus tard.
> A bientôt donc.   Patrick

Le tour du monde francophone

1 **A la découverte du Canada** → § 35

a *Lisez le texte et soulignez tous les verbes au passé simple.*

1. En 1534, le Français Jacques Cartier découvrit – sans le savoir – l'est du Canada et prit le pays au nom du roi de France, François I [er]. 2. Sûr d'être arrivé en Asie [1], Cartier appela donc les premières personnes qu'il rencontra «Indiens» et le pays eut le nom «la Nouvelle France». 3. Quelques années plus tard, les premiers Français vinrent au Québec et y restèrent. 4. Mais le roi anglais s'intéressa, lui aussi, au Canada et la guerre commença. 5. En 1763, ce <u>fut</u> enfin la fin de cette guerre entre la France et l'Angleterre: la «Nouvelle France» devint anglaise, mais les Canadiens d'origine française continuèrent à y habiter et se battirent pour garder leur langue.

Depuis 1931, le Canada est un pays libre où on parle anglais et français. Mais quand les «Français de France» entendent parler des Québecois, ils ne comprennent pas tous les mots et se moquent souvent de leur accent qu'ils trouvent bizarre!

-------- 1534: la route de Jacques Cartier

b *Ecrivez les verbes soulignés du texte dans le tableau. Trouvez maintenant les formes correspondantes (entsprechend) du passé composé et de l'infinitif.*

passé simple	passé composé	infinitif
Exemple: ce fut	ça a été	être

---
1 l'**Asie** *(f.)* Asien

2 **La coupe du monde de football**[1] → § 34

 Tous les quatre ans, il y a la coupe du monde de football.

Ecrivez dans votre cahier où la coupe a eu lieu et quel pays a eu quelle place.
Si vous ne connaissez pas les drapeaux (Fahnen) et les noms de pays,
regardez sur Internet ou dans le dictionnaire.

Exemple: <u>En 1982, la coupe du monde a eu lieu en Espagne.</u>

<u>L'équipe italienne a gagné la première place et l'équipe polonaise la troisième place.</u>

Année	1982	1986	1990	1994	1998	2002	2006
Pays	🇪🇸	🇲🇽	🇮🇹	🇺🇸	🇫🇷	🇯🇵	🇩🇪
Place	🇮🇹 1ère	🇫🇷 3e	🇩🇪 1ère	🇮🇹 2e	🇫🇷 1ère	🇩🇪 2e	1ère
Place	🇵🇱 3e	🇧🇪 4e	🇬🇧 4e	🇸🇪 3e	🇳🇱 4e	🇹🇷 3e	2e

3 **Pas de panique … tu sais tout.** → §§ 16, 18

a *Mettez les verbes au futur simple.*

1. *Victor:* Quand j' _____ (avoir) 18 ans, je _____ (faire) des voyages. Tu _____

(voir)!   2. *Sa mère:* Pour ça, il _____ (falloir) que tu gagnes beaucoup d'argent.   3. *Victor:*

Je _____ (donner) des cours d'anglais … et vous m' _____ (aider),

non?   4. *Sa mère:* Ah, non, c'est toi qui _____ (payer) tes voyages. Nous le préférons.

Et, est-ce que tes copains _____ (partir) avec toi?   5. *Victor:* Non, ils _____

(rester) ici. J' _____ (aller) tout seul.

b *Ecrivez le contraire des mots et des expressions soulignés.*

1. *Marie:* J'<u>adore</u> le Canada! – *Amélie:* _____

2. *Marie:* Montréal, c'est <u>cool</u>! – *Amélie:* _____

3. *Amélie:* Apprendre l'anglais, <u>j'en ai rien à foutre</u>! – *Marie:*

_____

4. *Amélie:* Mais, ici, <u>personne n'</u>est bilingue! – *Marie:*

_____

5. *Amélie:* <u>J'hallucine, c'est pas possible</u>! – *Marie:* _____

▶▶

_____

1 **la coupe du monde de football** die Fußballweltmeisterschaft

Les sœurs de Victor, Caroline et Martine, ont gagné le concours du meilleur film sur la francophonie. Elles répondent aux questions des journalistes.

c *Utilisez c' (ce n') est … (pas) qui/que» et choisissez «moi, toi, lui, elle, nous, vous, eux, elles».*

1. *Martine:* <u>C'est moi qui</u> _____   2. *Caroline:* Oui, _____

3. *Caroline:* Non, _____   4. *Martine:* Non, _____

_____   mais notre sœur Virginie.

4 Un concours à la radio → §§ 6, 7, 8

Trouvez les bonnes solutions et soulignez-les.

1. Franck participe à un concours de «Super Radio» pour gagner 50 000 euros, *ce qui / ce que / lesquels* est bien assez pour partir en voyage. 2. Dans la rue, Franck se demande *laquelle / lesquelles / ce que* Pierre, le célèbre animateur[1] de la radio, va lui demander. 3. Zut! dans laquelle de ses poches a-t-il mis son crayon porte-bonheur sans *lequel / lesquels / qui* il ne peut rien faire? C'est bon, le crayon est là.
4. Franck doit rester calme! *Ce qu' / ce qui / ce que* il sait, c'est qu'il a tout lu sur les pays francophones. Mais sur quels pays Pierre va-t-il lui poser des questions?
5. Franck arrive enfin à la «Super Radio» devant *lequel / que / laquelle* il rencontre Pierre, mais aussi David, le garçon contre *qui / quoi / lesquels* il va devoir jouer.
6. Franck salue les deux hommes avec *lesquels / laquelle / qu'* il va au studio.
7. Dans l'escalier, Pierre demande déjà: – Au sud de quel pays se trouve le Maroc? L'Italie, l'Espagne ou le Sénégal? Franck est tout rouge. L'autre candidat a déjà répondu. Pierre rigole: – Attendez, le jeu n'a pas commencé! 8. D'abord, Pierre voudrait savoir, *lequel / ce qui / ce que* David et Franck font dans la vie. 9. David est professeur. Franck participe toujours à des concours grâce *à lesquels / auxquels / auquel* il gagne assez d'argent. 10. C'est la raison pour *laquelle / quelle / qui* il ne travaille pas. 11. – Très bien, répond Pierre. Qui va être le meilleur?

5 Apprendre des langues, comment faire?

a *Lisez l'avis de ces cinq jeunes.*

Juliette: Moi, j'ai une copine italienne. Elle s'appelle Giulia. Un soir par semaine, je vais chez elle et on fait tout en italien: on mange en italien, on rit en italien, on joue en italien, on regarde la télé en italien. C'est drôle et j'apprends super vite! Pour l'anglais, ce n'est pas très difficile. Je vais souvent sur Internet.	*Alain:* J'ai demandé à mes parents d'aller dans une classe bilingue au lycée. J'ai appris l'espagnol parce que ma grand-mère était espagnole et que personne dans ma famille ne m'a appris cette langue. Je regarde des films en espagnol à la télé ou au cinéma. J'apprends aussi l'anglais et l'arabe.	*Isabelle:* Chaque année, je participe à un échange[2] avec l'Allemagne. J'ai ma famille allemande. Elle habite à Darmstadt et ma correspondante Tanja est devenue une super amie. Elle vient aussi à la maison. L'année prochaine, ce sont mes parents qui iront en Allemagne. A l'école, j'apprends aussi l'anglais.	*Zoé:* Moi, par exemple, j'apprends mieux l'anglais quand je suis amoureuse d'un Anglais. Quand tu aimes quelqu'un, c'est plus facile d'apprendre une langue. Tu as envie de lui dire des choses. Mais, bon, on ne choisit pas de tomber amoureux et je ne peux pas aimer un garçon de tous les pays! Alors, je lis aussi des BD en anglais.	*Valentin:* Ce que j'adore, c'est la cuisine. Alors, moi, j'apprends la langue d'un pays pour découvrir ses plats. Par exemple, l'arabe et j'apprends aussi à faire la cuisine marocaine[3] avec une dame qui vient de Casablanca[4]. Une langue, ce n'est pas seulement des mots, c'est aussi comment on vit, ce qu'on mange, ce qu'on fait!

---

1 **un célèbre animateur** ein berühmter Moderator – 2 **un échange** ein Austausch – 3 **marocain/marocaine** marokkanisch –
4 **Casablanca** *Stadt in Marokko*

b *Qui dit quoi? Cochez la bonne réponse. Plusieurs solutions sont possibles.*

Pour apprendre une langue:	Juliette	Alain	Isabelle	Zoé	Valentin
• il faut aimer quelqu'un.					
• il faut aller dans le pays.					
• il faut avoir un copain/une copine.					
• il faut aller sur Internet souvent.					
• il faut faire la cuisine du pays.					
• il faut aller dans une classe bilingue.					
• il faut regarder la télévision.					
• il faut lire des livres.					

c *Qui apprend quoi? Ecrivez les noms.*

1. …l'anglais? _____

2. … une langue, peut-être plus, mais ils ne nous le disent pas? _____

3. … deux langues? _____

4. … trois langues? _____

6 **En français: Qu'est-ce que c'est, «la francophonie»?**

Lisez le texte et faites un résumé en allemand dans votre cahier.
Expliquez en allemand les trois «types» de personnes qui parlent français.

C'est Onésime Reclus, un homme qui s'intéressait énormément à la géographie,
qui utilise le mot «francophonie» pour la première fois en 1880. Pour lui,
«la francophonie», ce sont toutes les personnes dans le monde qui parlent
français. Aujourd'hui, on compte 112 millions de «vrais» francophones qui
5 parlent la langue française tous les jours et dans toutes les situations,
60 millions de francophones qui utilisent le français à côté de leur langue
maternelle[1], et 100 à 110 millions de personnes qui n'habitent pas dans
un pays francophone et qui apprennent et parlent le français comme langue
étrangère[2], par exemple comme toi à l'école. Aujourd'hui, il y a 56 pays qui
10 forment la communauté[3] francophone qui comprend donc un pays sur quatre
dans le monde.

7 **Le jeu des drapeaux[4]** → § 34

Vous trouvez cet exercice à la page 90.

---

1 **une langue maternelle** eine Muttersprache – 2 **une langue étrangère** eine Fremdsprache – 3 **une communauté** eine Gemeinschaft – 4 **un drapeau** eine Flagge

8 **Ecouter: Le projet de Lisa**

 a *Ecoutez le texte deux fois.*

 b *Lisez les phrases. Cochez la ou les bonnes réponses.*

1. Lisa part en vacances	toute seule.	☐
	avec Victor.	☐
	avec ses parents.	☐
2. Elle a écrit un projet sur	les enfants au Sénégal.	☐
	les enfants des rues.	☐
	les rues du Sénégal.	☐
3. Victor trouve que le Sénégal, c'est génial parce que	les plages sont belles.	☐
	il ne fait pas trop chaud.	☐
	il fait toujours beau.	☐
4. Lisa a envoyé son projet à	un journal.	☐
	une association [1].	☐
	un ami de son père.	☐
5. Si l'association trouve son projet intéressant,	elle lui donne de l'argent.	☐
	elle appelle un journaliste.	☐
	elle lui demande 1000 euros.	☐
6. Lisa reste au Sénégal	trois semaines.	☐
	un mois.	☐
	deux mois.	☐
7. Une personne va l'aider, c'est un médecin qui est	un ami de son père.	☐
	le père d'un enfant des rues.	☐
	le père d'un ami.	☐
8. Elle a choisi le Sénégal parce	qu'elle parle anglais.	☐
	que ce pays est francophone.	☐
	qu'elle ne connaît personne.	☐
9. Elle a eu envie de découvrir ce pays parce qu'elle adore	les chanteurs sénégalais.	☐
	Youssou N'dour.	☐
	la musique africaine [2].	☐
10. Pour les vacances, Victor part en Espagne avec	ses parents.	☐
	une copine.	☐
	des copains.	☐
11. Il va passer trois semaines	dans un garage.	☐
	à la plage.	☐
	sur un bateau.	☐
12. Victor part en Espagne, mais il	ne parle pas anglais.	☐
	n'est pas bilingue.	☐
	ne parle pas espagnol.	☐

c *Imaginez votre projet de vacances. Où partez-vous? Quel pays est-ce que vous voulez découvrir? Ecrivez six à huit phrases dans votre cahier.*

------

1 une association eine Vereinigung – **2 africain / africaine** afrikanisch

Travaillez à deux. A fait la dictée à B qui écrit le texte.
Puis, vous changez de rôle.

A	B
1. Lies deinem Partner den Text in der A-Spalte auf Seite 77 einmal ganz vor.	1. Dein Partner liest dir seinen Text einmal ganz vor. Du liest den Lückentext auf Seite 78 mit.
2. Lies den Text danach noch einmal Satz für Satz vor und wiederhole die fett gedruckten Wörter. Diese muss dein Partner in seinen Lückentext auf der Rückseite eintragen.	2. Beim zweiten Vorlesen liest er den Text Satz für Satz. Trage die fehlenden Wörter in die Lücken ein.
3. Korrigiere den Lückentext deines Partners, indem du seine Lösungen mit den fett gedruckten Wörtern in diesem Text vergleichst.	3. Lass deinen Text danach von deinem Partner korrigieren.

Cher Frédéric,

Je m'excuse, je ne t'ai rien dit, je ne t'ai pas
donné de mes **nouvelles** depuis un mois.
Je suis partie pour l'**Amérique**.
Pas de **panique**, je t'**explique**: j'avais
d'abord pensé à la **Martinique** et même
à la **Belgique**, mais ce n'est pas très
magique. En plus, ici, j'ai un **cousin canadien**
qui va m'aider dans ma nouvelle vie.
Avec ma **caméra numérique**, je vais **essayer**
de faire un film pour la télé. …

Après, on verra … mais, _____, oublie-moi,

j'ai rencontré un mec qui fait de la _____.

Il s'appelle _____. Il vient d'_____.

Il traverse souvent l'_____ pour donner

des _____ ici. Je ne sais pas encore ce que

je vais faire … Si je vais le suivre pour aller avec lui

au _____? Mais on se comprend bien,

on _____. Alors, Frédéric,

_____ et je ne te dis pas à bientôt,

_____

Travaillez à deux. B fait la dictée à A qui écrit le texte.
Puis, vous changez de rôle.

A	B
1. Dein Partner liest dir seinen Text einmal ganz vor. Du liest den Lückentext auf Seite 77 mit.	1. Lies deinem Partner den Text in der B-Spalte auf Seite 78 einmal ganz vor.
2. Beim zweiten Vorlesen liest er den Text Satz für Satz. Trage die fehlenden Wörter in die Lücken ein.	2. Lies den Text danach noch einmal Satz für Satz vor und wiederhole die fett gedruckten Wörter. Diese muss dein Partner in seinen Lückentext auf der Rückseite eintragen.
3. Lass deinen Text danach von deinem Partner korrigieren.	3. Korrigiere den Lückentext deines Partners, indem du seine Lösungen mit den fett gedruckten Wörtern in diesem Text vergleichst.

Cher Frédéric,

Je m'excuse, je ne t'ai rien dit, je ne t'ai pas donné

de mes _____ depuis un mois. Je suis

partie pour l'_____. Pas de _____,

je t'_____ : j'avais d'abord pensé à la

_____ et même à la _____,

mais ce n'est pas très _____. En

plus, ici, j'ai un _____

qui va m'aider dans ma nouvelle vie. Avec ma

_____, je vais

_____ de faire un film pour la télé. …

Après, on verra … mais, **Frédéric**, oublie-moi, j'ai rencontré un mec qui fait de la **musique**. Il s'appelle **Patrick**. Il vient d'**Afrique**. Il traverse souvent l'**Atlantique** pour donner des **concerts** ici. Je ne sais pas encore ce que je vais faire … Si je vais le suivre pour aller avec lui au **Sénégal**? Mais on se comprend bien, on **communique bien**. Alors, Frédéric, **je t'embrasse** et je ne te dis pas à bientôt,

Loïc

10 **Lire: Le prix du jeune écrivain francophone**

a *Lisez ce texte.*

Mireille Gagné, une Canadienne de 22 ans, a traversé l'Atlantique pour aller au lycée Pierre d'Aragon à Muret, une petite ville près de Toulouse. Là-bas, elle a reçu «le Prix du Jeune Ecrivain Francophone 2005». Mireille avoue qu'elle a toujours été «la fille qui lit tout le temps», mais qui a aussi besoin d'écrire. Elle a écrit son texte «Des oies[1] vertes mangeaient
5   dans mes yeux» en cinq heures. Ce texte de 13 pages raconte l'histoire d'Henri, un petit garçon de sept ans. Ce garçon rêve de devenir une oie verte pour retrouver son père, un chasseur[2] d'oies, qu'il n'a pas revu depuis que ses parents ne vivent plus ensemble. Grâce à ce premier prix, Mireille a gagné des livres et un voyage en France dans la région Midi-Pyrénées, pendant lequel elle a pu rencontrer des écrivains francophones et écrire des textes
10 avec eux. Maintenant, dans toutes les bonnes librairies, on peut trouver le livre où le texte de Mireille est écrit. Pour Mireille, c'est important et elle en est très contente.
Pour pouvoir faire le concours «Prix du Jeune Ecrivain Francophone», il faut, comme Mireille, avoir entre 15 et 27 ans, ne pas être Français et écrire un texte de 5 à 25 pages. La jeune Canadienne faisait ce concours pour la troisième fois. Neuf écrivains francophones ont lu son
15 texte et l'ont choisi. Au début, il y avait 446 textes. Des jeunes de 66 pays ont envoyé un texte au concours. On a inventé ce prix francophone parce qu'il y avait déjà un concours pour les jeunes Français qui avait beaucoup de succès.

Adresse
Prix du Jeune écrivain
6, avenue Roger Tissandié B.P. 55 – 31601 Muret cedex (France)
Téléphone: 0033.5.62.23.20.99   Fax: 0033.5.61.56.13.15
E-mail: prix.du.jeune.ecrivain@wanadoo.fr   http://www.pjef.net

b *Vrai ou faux ou on ne sait pas. Corrigez les phrases qui sont fausses.*

	Vrai	Faux	On ne sait pas	Solutions correctes
1. Mireille Gagné habite à Muret, une petite ville près de Toulouse.				_____
2. Le titre de son texte est «La fille qui lit tout le temps».				_____
3. Pendant cinq heures, Mireille a écrit treize pages.				_____
4. Mireille est aussi Française.				_____
5. On peut acheter un livre dans lequel on peut lire l'histoire de Mireille Gagné.				_____
6. Pour faire le concours, il faut avoir 15 ans ou plus.				_____
7. Mireille Gagné a écrit d'autres textes.				_____
8. Henri, le personnage du texte de Mireille, n'a pas vu son père depuis longtemps.				_____
9. C'est le premier texte que Mireille a envoyé.				_____

1 une oie eine Gans – **2 un chasseur / une chasseuse** ein Jäger / eine Jägerin

11 **Savoir faire: Internet, c'est magique!**

Lisez encore une fois la stratégie à la page 91 de votre livre.
Il vous faut des informations sur le Sénégal et vous avez trouvé ces adresses:

1 http://fr.wikipedia.org/wiki/Senegal   **2** http://www.gouv.sn   **3** http://www.ausenegal.com

a *Regardez les sites (Internetseiten) sans lire des détails (Einzelheiten)*
et cochez où vous avez trouvé …

	1	2	3
1. une carte du Sénégal.			
2. le drapeau[1] du Sénégal.			
3. des informations sur l'histoire du Sénégal.			
4. les régions du Sénégal.			
5. la religion[2] ou les religions au Sénégal.			
6. le nombre des personnes qui habitent au Sénégal.			
7. les langues parlées au Sénégal.			
8. des informations sur le temps qu'il fait au Sénégal.			
9. les animaux et les oiseaux qu'on trouve au Sénégal.			
10. le nom d'un chanteur sénégalais connu.			
11. la monnaie[3] au Sénégal.			
12. les fêtes au Sénégal.			
13. des informations sur la ville de Dakar.			
14. un petit dictionnaire français-wolof.			
15. des informations sur ce qu'il ne faut pas faire au Sénégal.			

b *Corrigez ce texte. Il y a 13 fautes.*

1. Le Sénégal se trouve ~~au sud~~ de l'Afrique et il a un peu plus de 196 000 km^2. 2. Il se trouve au bord de

à l'ouest
_____

l'Atlantique et il y a 21 régions. 3. Son drapeau est bleu, jaune, rouge avec un arbre dans la partie jaune.

_____

4. La capitale est Dakar, une ville qui se trouve à 200 km de la côte. 5. Une grande partie des habitants,

_____

presque 52 millions, est musulmane[4]. 6. Le Sénégal est un pays libre depuis 1860. 7. La langue officielle[5] est

_____

le wolof. 8. Au Sénégal, on paie en franc CFA[3], 1 euro = 1 franc CFA. 9. Pour un pain par exemple,

_____

il faut payer 125 francs. 10. La fête nationale, c'est le 14 juillet comme en France. 11. Pour dire «bonjour»,

_____

on dit «waow». 12. Quand on veut téléphoner au Sénégal, il faut faire le 00 221. 13. Au Sénégal,

_____

il ne faut jamais sortir avec un sac et manger avec la main droite. Ba suba ak jam!

_____

_____

1 un drapeau eine Flagge – **2 une religion** eine Religion – **3 la monnaie** (*hier*) die Währung – **4 musulman/musulmane**
muslimisch – **5 une langue officielle** eine Amtssprache – **6 un franc CFA** = franc de la Communauté Financière d'Afrique
Währung in den ehemaligen französischen Kolonien in Afrika

12 **Ecrire: Envie de partir, mais où?**

a *Regardez ces trois publicités.*

b *Décrivez les publicités pour ces trois pays. Vous pouvez regarder dans votre dictionnaire. Ecrivez dans votre cahier.*

c *Choisissez une de ces publicités et expliquez pourquoi vous avez envie de visiter ce pays.*

© Maison de la France

13 **Auto-contrôle: La dictée des Amériques** → §§ 6, 8, 35

Trouvez l'infinitif des verbes écrits au passé simple.
Complétez ● *avec une forme de «lequel» ou* ◆ *avec «ce qui/ce que.»*
Vous trouvez les solutions de cet exercice à la page 95.

1. «… Quand la chasse à la baleine [1] commença (_<u>commencer</u>_),

   il fut (_____) heureux. Personne sur le bateau ne disait plus

   rien.

2. Tout à coup, une baleine sortit (_____) de l'eau et il eut

   (_____) le temps de rencontrer l'œil de l'héroïne [2] des mers.

3. Les hommes prirent (_____) position, toujours en silence.

4. Puis, on entendit (_____) quelqu'un crier:

   «Halte! Pas cette baleine! Elle a un petit!»

5. Il ne savait pas ● _____ des hommes avait crié,

   mais il se sentit (_____) tout de suite mieux.

6. ◆ _____ il détestait le plus, c'était d'attaquer ces beaux

   animaux grâce ● _____ ils avaient ◆ _____

   il leur fallait pour vivre.

7. La maman sans ● _____ la petite baleine serait morte

   s'éloigna (_____).

8. Tout ◆ _____ resta (_____) d'elle et

   de son enfant était une grande vague [3] qui fit (_____)

   danser le bateau sur ● _____ les hommes ne parlaient

   toujours pas …»

une baleine

_____

1 une baleine ein Wal – **2 un héros/une héroïne** [ɛʀo/yneʀɔin] ein Held/eine Heldin – **3 une vague** eine Welle

5 Une dispute

Übt zu zweit.

- *Schaut euch den On dit-Kasten auf Seite 17 des Schülerbuches an.*
- *Geht gemeinsam den Aufbau des Bogens durch.*
- *Entscheidet dann, wer mit der A-Seite und wer mit der B-Seite übt.*
- *Versetzt euch in die Person von Laura oder Juliette und übertragt die gelb unterlegten Felder ins Französische.*
- *Faltet den Bogen entlang der gestrichelten Mittellinie.*
- *Partner A (Laura) beginnt; Partner B (Juliette) reagiert.*
- *Kontrolliert euch gegenseitig mithilfe der Lösungsvorschläge in Klammern.*
- *Wechselt die Rollen nach einem Durchgang.*

A: Laura	B: Juliette
Fragt, ob Juliette erklären könne, warum sie mit Paul ausgegangen sei.	
	[**Tu peux m'expliquer** pourquoi tu es sortie avec Paul?]
[Je le trouve très sympa.]	Findet ihn sehr sympathisch.
Wirft Juliette vor, sich über sie lustig zu machen. Sie wisse doch genau, dass es ihr Freund sei.	
	[**Tu te moques de moi!** Tu sais bien que c'est mon copain.]
[**Je suis désolée.** Mais je trouve que ce n'est pas un problème de sortir avec le garçon que je trouve cool.]	Bedauert es. Findet aber, dass es kein Problem sei, mit dem Jungen auszugehen, den sie cool findet.
Ist keineswegs ihrer Meinung. Sie verstehe nicht, warum Juliette das tue. Sie wisse doch, dass sie Paul liebe.	
	[**Je ne suis pas du tout de ton avis.** Je ne comprends pas pourquoi tu fais ça. Tu sais que j'aime Paul.]
[**Je te donne un bon conseil.** Tu ne dois pas être si jalouse. Les garçons se moquent des amies jalouses.]	Gibt ihr einen guten Rat. Sie solle nicht so eifersüchtig sein, denn Jungen machten sich über eifersüchtige Freundinnen lustig.
Sie ist sauer. Sie verbietet Juliette, mit Paul auszugehen.	
	[**Je suis en colère.** Je t'interdis de sortir avec Paul.]
[**Tu es bête.** Paul va se moquer de toi.]	Sagt ihr, sie sei dumm. Paul werde sich über sie lustig machen.
Sagt ihr, dass sie sie nicht mehr verstehe und dass sie nicht mehr ihre Freundin sei.	
	[**Je ne te comprends plus.** Tu n'es plus mon amie.]
[**Je suis désolée, mais je ne te comprends pas.**]	Sagt, dass es ihr leid tue, aber dass sie sie nicht verstehe.

8 **Où suis-je?**

Übt zu zweit.

- *Geht gemeinsam den Aufbau des Bogens durch.*
- *Entscheidet zunächst, wer mit der A-Seite und wer mit der B-Seite übt.*
- *A wählt einen der gezeichneten Orte. B muss erraten, was A gewählt hat. Zu dem ausgewählten Ort gibt A drei Tipps anhand der Beispiele aus dem On dit-Kasten auf Seite 27 des Schülerbuches.*

Exemple: <u>Ici, on ne doit pas fumer. Il n'est pas possible de crier. Il ne faut pas payer.</u>

- *B rät daraufhin den Ort, den A gewählt hat. Rät er falsch, erhält B noch drei weitere Tipps von A. B darf dann noch einmal den Ort raten. Rät er erneut falsch, gibt A die Lösung.*
- *Faltet den Bogen entlang der gestrichelten Mittellinie.*
- *Wechselt die Rollen nach jedem Durchgang.*

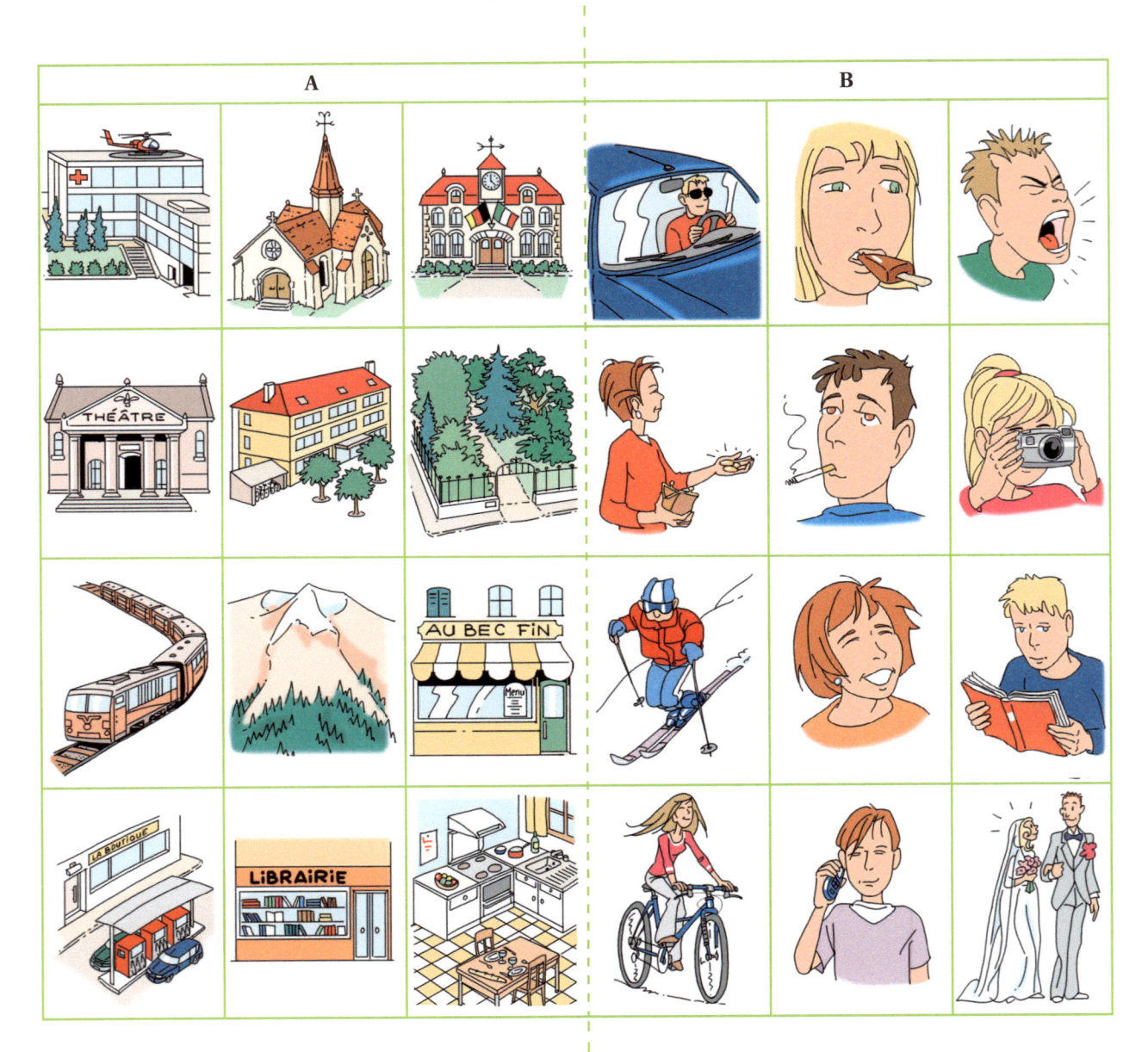

10 **Ne sois pas si timide!**

Übt zu zweit:

- *Schaut euch zunächst den On dit-Kasten auf Seite 37 des Schülerbuches an.*
- *Geht gemeinsam den Aufbau des Bogens durch.*
- *Entscheidet dann, wer mit der A-Seite und wer mit der B-Seite übt.*
- *Versetzt euch in die Person von Raphaël oder Maxime und übertragt die gelb unterlegten Felder ins Französische.*
- *Faltet den Bogen entlang der gestrichelten Mittellinie.*
- *Partner A (Raphaël) beginnt; B (Maxime) reagiert.*
- *Kontrolliert euch gegenseitig mithilfe der Lösungen in Klammern.*
- *Wechselt die Rollen nach einem Durchgang.*

A: Raphaël	B: Maxime
Weiß nicht mehr, was er machen soll. Er mag Elodie, aber sie interessiert sich nicht für ihn.	
	[**Je ne sais plus quoi faire.** J'aime Elodie, mais elle ne s'intéresse pas à moi.]
	Sagt, das sei totaler Unsinn. Er ist der Meinung, sie interessiere sich auch für Raphaël.
[**C'est complètement bête. Je suis d'avis** qu'elle s'intéresse aussi à toi, Raphaël.]	
Er ist nicht einverstanden. Er hat schon alles gemacht. Da ist seiner Meinung nach nichts zu machen.	
	[**Je ne suis pas d'accord.** J'ai déjà tout fait. **Je suis d'avis** qu'il n'y a rien à faire.]
	Will wissen, was er schon gemacht habe.
[Mais qu'est-ce que tu as déjà fait?]	
Nun, er hat sie eingeladen, mit ihm zu einem Fußballspiel zu gehen, hat ihre Hausaufgaben gemacht, hat ihr sogar ein Gedicht geschrieben.	
	[Eh ben, je l'ai invitée à aller avec moi à un match de foot, j'ai fait ses devoirs, je lui ai même écrit un poème.]
	Weiß nicht, ob sie das interessiert. Er schlägt ihr vor, sie ins Kino einzuladen oder ins Café. Das sei cooler.
[**Je ne sais pas si** ça l'intéresse. **Je te propose de** l'inviter au cinéma ou au café. C'est plus cool.]	
Gibt ihm Recht. Aber er sei zu schüchtern.	
	[**Tu as raison**, mais je suis trop timide.]
	Sagt, das sei ihm egal. Er habe eine Idee. Er schlägt vor, ihn ins Café zu begleiten und nach einer Viertelstunde wegzugehen. Und ihn dann mit Elodie allein zu lassen.
[**Je m'en fous.** J'ai une idée. **Je te propose de** t'accompagner au café et, après un quart d'heure, je pars. Et puis, tu restes seul avec Elodie.]	
Meint, das sei eine gute Idee. Findet das cool.	
	[**C'est une bonne idée.** C'est cool.]

LEÇON 4

7 Mot contre mot

*Spielt zu zweit. Faltet das Blatt entlang der gestrichelten Mittelinie. Partner A übernimmt das Raster A,
Partner B das Raster B. Benennt nun jeweils wechselseitig ein Feld (A2, B1 etc.); der Partner liest
den entsprechenden Arbeitsauftrag vor, der in ca. 15 Sekunden beantwortet werden muss.
Ist die Antwort falsch oder wird die Zeit überschritten, gilt das Feld als unbeantwortet und muss
später noch einmal bearbeitet werden. Ist das benannte Feld grün unterlegt, muss der Spieler /
die Spielerin aussetzen. Wer als Erster alle Felder richtig beantwortet hat, hat gewonnen!*

Exemple: *A: B3*
                B: Utilise le mot «draguer» dans une phrase!
                A: …

	A					B			
	1	2	3	4		1	2	3	4
A	Donne un synonyme[1] pour «la peur».	Donne un synonyme[1] pour «un pote».		Conjugue[2] le verbe «suivre» au présent.	**A**	Il parle toujours et trop.	Donne le contraire de «malheureux».		Utilise l'expression «dommage» dans une phrase.
B	Dis une expression avec «bise».	Utilise le mot «branché» dans une phrase.		Donne un synonyme[1] pour «un jeune».	**B**	Donne un synonyme[1] pour «se balader».	Que fait un groupe avant un concert?	Utilise le mot «draguer» dans une phrase.	Dis une expression avec «parler».
C	Donne le contraire de «C'est le pied!»	Dis une expression avec «cinéma».		Utilise le mot «nouille» dans une phrase.	**C**		Donne un synonyme[1] pour «fou».		
D			Donne un synonyme[1] pour «un type».		**D**		Conjugue[2] le verbe «devenir» au présent.	Utilise le mot «contrat» dans une phrase.	
Vert: Manqué! Jaune: Pose la question!					Vert: Manqué! Bleu: Pose la question!				

Solutions:
A1: le trac
A2: un copain
A4: suis, tu suis, il/elle suit, nous suivons, vous
      suivez, ils suivent
B1: faire la bise
B2: Elle adore les magasins très branchés
      (par exemple).
B4: un ado
C1: C'est nul!
C2: Arrête ton cinéma!
C4: Quelle nouille! J'ai oublié mes lunettes
      de soleil (par exemple).
D3: un homme

Solutions:
A1: un baratineur
A2: heureux
A4: C'est dommage!
B1: se promener
B2: une répétition
B3: Cette fille drague mon frère, mais elle ne lui
      plaît pas.
B4: Tu parles!
C2: dingue
D2: je deviens, tu deviens, il/elle devient, nous
      devenons, vous devenez, ils deviennent
D3: Les «Nice & Forts» vont signer leur premier
      contrat!

---

1 un synonyme ein Synonym – **2 conjuguer qc** etw. konjugieren

9 **Deux scènes en Bretagne**

Übt zu zweit:

- *Entscheidet zunächst, wer mit der A-Seite und wer mit der B-Seite übt.*
- *Faltet den Bogen entlang der gestrichelten Mittellinie.*
- *Partner A schaut sich das erste Bild genau an und beschreibt Partner B, wo sich die unter dem Bild aufgeführten Gegenstände befinden, wo die Personen sind und was sie tun.*
- *Partner B ergänzt die Zeichnung nach diesen Angaben.*
- *Danach beschreibt Partner B sein Bild, und Partner A ergänzt seine Zeichnung.*
- *Wenn beide Bilder fertig sind, werden sie jeweils mit dem Original verglichen.*

A   B

un pique-nique – allongé(e) – des lunettes de soleil –
lire un livre – jouer au foot – regarder – se baigner –
un pêcheur – deux bateaux

A   B

des touristes – deux bouteilles – deux assiettes –
crêpes – un appareil photo – un chat – un chien –
un sac à dos – une guitare – un vélo – un coq

quatre-vingt-sept

7 **Pourquoi tu ne m'as rien dit?**

Übt zu zweit:

- *Schaut euch zunächst den On dit-Kasten auf Seite 73 des Schülerbuches an.*
- *Geht gemeinsam den Aufbau des Bogens durch.*
- *Entscheidet dann, wer mit der A-Seite und wer mit der B-Seite übt.*
- *Versetzt euch in die Person von Adeline oder Jonathan und übertragt die gelb unterlegten Felder ins Französische.*
- *Faltet den Bogen entlang der gestrichelten Mittellinie.*
- *Partner A (Adeline) beginnt; B (Jonathan) reagiert.*
- *Kontrolliert euch gegenseitig mithilfe der Lösungen in Klammern.*
- *Wechselt die Rollen nach einem Durchgang.*

A: Adeline	B: Jonathan
Bittet Jonathan, ihr zu sagen, was mit ihm los ist. Seit Delphines Besuch in der Schule sei er anders.	
	[Dis-moi s'il te plaît ce que tu as. Depuis la visite de Delphine au collège, tu as changé.]
	Fragt nach, warum sie das sage und warum er nicht mehr der Gleiche sei.
[Pourquoi est-ce que tu dis ça? Pourquoi est-ce que je ne suis plus le même?]	
Vorher seien sie oft zusammen weggegangen. Jetzt habe er nie mehr Zeit oder Lust und er höre nicht auf, von der Feuerwehr zu reden.	
	[Avant, on sortait souvent ensemble. Maintenant, tu n'as plus le temps ou tu n'as plus envie et tu n'arrêtes pas de parler des pompiers.]
	Schlägt Adeline vor, heute abend ins Kino zu gehen.
[**Tu as envie d'**aller au cinéma ce soir?]	
Sagt, dass er ihre Frage noch nicht beantwortet habe. Wenn Jonathan in Delphine verliebt sei, solle er ihr, Adeline, es gleich sagen. Das würde ihr helfen.	
	[Tu n'as pas encore répondu à ma question. Si tu es amoureux de Delphine, dis-le moi tout de suite. Ça m'aiderait.]
	Sagt, dass das Blödsinn sei. Gerade weil er sie noch liebe, schlägt er ihr einen Kinobesuch vor.
[C'est bête! Comme je t'aime encore, je te propose d'aller au cinéma.]	
Bittet Jonathan, ihr zu sagen, was er hat.	
	[Dis-moi s'il te plaît ce que tu as.]
	Gesteht, dass er davon träumt, Feuerwehrmann zu werden; es sei ein gefährlicher Beruf, aber er möchte gerne Menschen helfen und Katastrophen verhindern.
[**Je rêve de** devenir pompier. C'est un métier dangereux, mais **j'aimerais** aider les gens et éviter des catastrophes.]	
Meint, dass sie ihn verstehe und dass das wichtig sei, aber er solle dabei nicht vergessen, dass es sie auch noch gibt.	
	[Je te comprends: c'est important! Mais n'oublie pas que je suis là, moi aussi!]

8 Les fêtes

Übt zu zweit.
- *Schaut euch zunächst den On dit-Kasten auf Seite 81 des Schülerbuches an.*
- *Geht gemeinsam den Aufbau des Bogens durch.*
- *Entscheidet dann, wer mit der A-Seite und wer mit der B-Seite übt.*
- *Versetzt euch in die Person von Markus oder Jean-Luc und übertragt die gelb unterlegten Felder ins Französische.*
- *Faltet den Bogen entlang der gestrichelten Mittellinie.*
- *Partner A (Markus) beginnt; Partner B (Jean-Luc) reagiert.*
- *Kontrolliert euch gegenseitig mithilfe der Lösungsvorschläge in Klammern.*
- *Wechselt die Rollen nach einem Durchgang.*

Jean-Luc, le copain français de Markus, est venu en Allemagne pour une visite.
C'est le lundi de la Pentecôte (Pfingstmontag), et Markus n'a pas d'école.

A: Markus	B: Jean-Luc
Fragt Jean-Luc, ob die französischen Schüler auch am Pfingstmontag nicht zur Schule müssen.	[Est-ce que les élèves français ne doivent pas aller non plus au collège le lundi de la Pentecôte?]
[Depuis 2006, le lundi de la Pentecôte est aussi un jour de fête en France. Jusque là, c'était une journée de travail.]	Seit 2006 ist der Pfingstmontag in Frankreich auch ein Feiertag. Bisher war er ein Arbeitstag.
Möchte wissen, ob es in Frankreich viele Feste gibt.	[Est-ce qu'il y a beaucoup de fêtes en France?]
[Oui, **c'est le pied**. Les Français fêtent beaucoup, surtout au printemps et en été. Il y a la fête des mères au mois de mai, la fête des pères deux ou trois semaines plus tard, la fête de la musique et surtout la fête nationale le 14 juillet.]	Ja, das ist der Hammer. Die Franzosen feiern viel, vor allem im Frühjahr und Sommer. Es gebe den Muttertag im Mai, den Vatertag zwei bis drei Wochen später, das Musikfest und vor allem den Nationalfeiertag am 14. Juli.
Fragt, welches Fest Jean-Luc am liebsten mag.	[Quelle fête est-ce que tu aimes le plus?]
[La fête que **je préfère** et que **je trouve super** est la fête de la musique. On la fête toujours le 21 juin dans toute la France.]	Das Fest, das er bevorzugt und toll findet, ist das Musikfest. Es wird am 21. Juni in ganz Frankreich gefeiert.
Davon habe ihm schon jemand erzählt. Möchte wissen, warum Jean-Luc es so gerne mag.	[Quelqu'un m'en a déjà parlé. Pourquoi est-ce que tu l'aimes bien?]
[Partout, dans toute la ville, il y a des groupes de musiciens. **L'ambiance est géniale.** Les gens chantent et dansent dans les rues et ils écoutent de la musique.]	Überall in der Stadt gibt es Musikgruppen. Die Atmosphäre sei fantastisch. Die Leute singen und tanzen in den Straßen und hören Musik.
Das würde er gerne einmal sehen.	[**J'aimerais bien** voir ça.]
[Je vais t'inviter chez moi à la fête de la musique l'année prochaine.]	Sagt, dass er ihn nächstes Jahr zum Musikfest zu sich einladen wolle.
Danke, das ist sehr nett … Ach, Mist! Er, Jean-Luc, müsse verstehen, dass er, Markus, im Juni noch keine Ferien habe.	[Merci, **c'est très gentil … Ah, zut! Il faut que** tu comprennes que je n'ai pas encore de vacances au mois de juin.]

7 **Le jeu des drapeaux**[1] → § 34

Übt zu zweit.

- *Entscheidet zunächst, wer mit der A-Seite und wer mit der B-Seite übt.*
- *Faltet den Bogen entlang der gestrichelten Mittellinie.*
- *Versucht nun abwechselnd das Land zu erraten, zu dem die Flagge gehört.*
- *Partner A beginnt. Er gibt B zwei Hinweise zu dem zu erratenden Land.*
  B kann zudem Fragen stellen und schreibt abschließend das seiner Meinung
  nach zutreffende Land unter die jeweilige Fahne.
- *Tauscht nach jedem Beispiel die Rollen.*
- *Überprüft abschließend, ob jeder die richtigen Länder aufgeschrieben hat.*

Exemple:

A. C'est un pays qui n'est pas
en Europe et non plus en Amérique.
B. Est-ce qu'il se trouve en Afrique?
A. Oui.

B. Est-ce qu'on parle l'anglais?
A. Non.
B. C'est le Sénégal.
A. Oui, c'est correcte.

- *B schreibt die Lösung unter die Flagge.*

A			B		
1 Le Viêt-nam	2	3 Le Sénégal	1	2 La Belgique	3
4	5 Les Etats-Unis	6	4 L'Italie	5	6 Le Canada
7 La Chine	8	9 L'Allemagne	7	8 Le Maroc	9
10	11 L'Espagne	12	10 La Suisse	11	12 L'Algérie

───────
1 **un drapeau** eine Flagge

Notiere regelmäßig nach den Auto-Evaluation-Seiten in Lektion 3 (Seiten 29/30) und Lektion 5 (Seiten 49/50), was du in Französisch neu gelernt hast.

Überlege dir anschließend, welche der neuen Kenntnisse in den Bereichen Sprache (Hören, Sprechen, Lesen und Schreiben) und Landeskunde für dich persönlich wichtig sind. Z. B., weil du sie im Urlaub anwenden könntest, oder weil du dich auf einen Schüleraustausch gezielt vorbereiten möchtest, oder weil sie dir helfen, Französisch und andere romanische Sprachen (Italienisch, Spanisch, etc.) zu lernen. Oder auch weil sie dir zeigen, wo deine Stärken beim Französischlernen liegen … – oder einfach, weil sie dich interessieren!

Übernimm diese ausgewählten Einträge dann in das Parlaments-Poster: zuerst nach Lektion 3 und dann nach Lektion 5! So werden die europäischen Flaggen zu deinem persönlichen Lernplakat, das deine wichtigsten Fortschritte dokumentiert.

Et … n'oublie pas ton dossier!

 Wie bereits im letzten Jahr solltest du wieder besonders gut gelungene Arbeiten aus dem Französischunterricht aufheben.

Das können Texte sein (Briefe, E-Mails, eigene Texte), Plakate, die du im Unterricht angefertigt hast – kurz: Produkte, die du selbst erstellt hast und die mit Frankreich und Französisch zu tun haben.

L 1–3

Am liebsten mache ich ...

An Frankreich und Französisch mag ich ...

L 4 und 5

Am liebsten mache ich ...

An Frankreich und Französisch mag ich ...

Portfolio

Mit *Découvertes* sicher für Europa.

Das kann ich schon

En classe

Pour faire les exercices du cahier

	Lektion	Übung	
un accord	L3	7	eine Angleichung
Analysez …	L4	10	Analysiert … / Wertet … aus.
un carnet	L4	9	ein Heft
une case	L1	2b	ein Kästchen
un chiffre	L5	5	eine Zahl
un contexte	L1	8a	ein einheitlicher Zusammenhang
correspondant / correspondante	M2	1b	entsprechend
un crayon de couleur	M1	4	ein Buntstift
un détail	M3	11a	eine Einzelheit
une fiche	L2	6a	ein Zettel
une grille	L5	4	ein Gitter
une illustration	L2	6b	eine Abbildung
marqué / marquée	L5	8a	markiert
Que représente … pour vous?	L3	11d	Was bedeutet … für euch?
Qui a exprimé cet avis?	L1	7b	Wer hat diese Meinung geäußert?
Reconstituez …	L4	11	Stellt wieder her …
Remplacez …	M2	4	Ersetzt …
Remplissez …	L2	6a	Füllt … aus.
réviser	L2	11b	wiederholen
Servez-vous.	L1	9	Bedient euch.
un site	L2	6b	eine Internetseite
un slogan	L2	6b	ein Werbespruch
à tour de rôle	M2	1b	abwechselnd

Solutions des exercices «Auto-contrôle»

Leçon 1, Exercice 10: 1. plus sportif que; plus grande que 2. la fille la plus sportive 3. le meilleur; moins drôle que 4. le garçon le plus cool; le moins beau 5. moins petit qu'; plus fort 6. aussi grand que; plus fous qu' 7. plus jeunes que 8. Patrick est le moins bon élève; le plus rebelle; le plus gentil.

Exercice 11: 1. … à la maison et elle ne savait pas quoi faire. Alors, elle a pris son vélo et elle est allée au cinéma. 2. Beaucoup de gens attendaient déjà devant le cinéma; il fallait attendre longtemps. 3. A la caisse, elle a vu qu'elle n'avait pas son porte-monnaie. Mais une dame, c'était une voisine, lui a donné l'argent pour le billet. 4. Comme elle était très fatiguée, elle n'a pas vu beaucoup du film. Elle a même dormi un peu. 5. Quand elle est sortie du cinéma, elle a vu que son vélo n'était plus là. 6. Alors, elle était en colère et elle a dû rentrer en bus. 7. C'était vraiment une mauvaise journée.

Leçon 2, Exercice 12: a annoncé; était venue ; sommes rentrés; était ; avaient; étaient; rigolait ; voulait ; étions allés; avions visité; n'a rien compris; parlait; était venue; a commencé; étions; voulions; a écrit; ont mis; avons attendu; a frappé; a ouvert; étaient; avaient passé.

Leçon 3, Exercice 12: 1. mieux 2. Heureusement; sympas; amicalement 3. facile; pratiquement 4. timide; mal 5. triste; froidement 6. gentiment 7. cordialement 8. gentils; vraiment 9. difficiles 10. différent(e); bizarre; rapidement 11. Heureusement; tranquille.

Exercice 13: 1. Parlez-vous italien? 2. Etes-vous arrivée seule à Paris en 1973? 3. Depuis quand êtes-vous top-modèle? 4. Aimez-vous le cinéma? 5. Pourquoi avez-vous quitté Mick Jagger et Kevin Costner? 6. Quel album aimez-vous le plus? 7. Avez-vous écrit les textes de «Quelqu'un m'a dit» toute seule?

Leçon 4, Exercice 12: voulons; chantes; joues; cherchons; trouveras; répondra; verra; pourrons; chercherons; ferons; ne viendra pas; ira.

Leçon 5, Exercice 12: bien; folle, dernièrement; parfaitement; gentiment; Evidemment; énormément; méchamment; drôle; vieille; bons; bons; gratuitement; complètement; amoureuse; gentille; différemment; Finalement; vraiment; triste; Heureusement; longuement

Module 1, Exercice 14: suis devenue 2. si; intéresse; raconterai 3. Quand; avais; habitions 4. faisait; pleuvait; a montrés; a dit 5. Si; déménageait 6. avez envie 7. pourrai / pourrais; ira / irait 8. Quand; avons visité; était; avons quitté 9. a eu; j'ai décidé 10. Si ; ai; parlerai.

Module 2, Exercice 12: 1. fassent plus attention à leurs enfants. 2. fassions plus de choses ensemble. 3. n'ait pas besoin de travailler et qu'elle puisse s'occuper de moi. 4. pourra passer les vacances avec nous. 5. pourrons rentrer en Algérie un jour. 6. ait encore du travail. 7. apprenne plus de choses sur la vie. 8. connaissent si peu les problèmes des jeunes.

Exercice 13: traversées; vus; reposés; fait; traversée; visitée; aimée; aidés; trouvées; montrées; expliqué; choisis; aimés; été; aimées; entrés; trouvée; promenés; faites.

Module 3, Exercice 13: 1. être 2. sortir; avoir 3. prendre 4. entendre 5. lequel; se sentir 6. Ce qu'; auxquels; ce qu' 7. laquelle; s'éloigner 8. ce qui; rester; faire; lequel.

[Supplément]

1 **La 8ᵉ B part en Bourgogne.** → § 36

*Reliez (Verbindet) les phrases qui vont ensemble et ajoutez «après avoir / être + participe passé»,
«avant de/d'», et «pour ou sans + infinitif».*

Exemple: 1. <u>Avant d'organiser</u> (organiser[1]) le voyage, *e*		a) _____ (demander) le prix d'entrée pour un groupe.
2. Elle a aussi écrit une lettre aux parents des élèves		b) toute la classe veut aller à Messigny, un parc d'aventure près de Dijon.
3. Maintenant, tous les élèves de la 8ᵉ B veulent faire quelque chose		c) _____ (la montrer) à Mme Fritz! Elle a été en colère.
4. _____ (chercher) sur Internet ce qu'on peut faire dans cette région,		d) Mme Fritz va d'abord téléphoner au parc pour avoir les informations qu'il faut.
5. Mais _____ (dire) oui,		e) Mme Fritz a demandé l'autorisation[2] au directeur de son lycée.
6. Mariam a envoyé une lettre à l'hôtel de ville de Dijon		f) _____ (aider) leur prof à préparer le voyage.
7. Enfin, Florian écrit un e-mail à l'Archéodrome de Bourgogne		g) _____ (savoir) si, eux aussi, sont d'accord.

2 **L'exposé de Daniel** → § 37

Daniel est rentré à Paris. Il a présenté un exposé devant sa classe.

Aidez les autres élèves à lui poser des questions. Utilisez les formes de «lequel, laquelle, lesquels, lesquelles».

L'exposé de Daniel	Les questions des autres élèves	Les réponses de Daniel
1. J'ai rencontré des jeunes de tous les pays du monde.	<u>Lesquels étaient les plus sympas?</u>	Les plus sympas étaient Bastien et Aminata.
2. J'ai fait deux concours de dictée, l'un à Paris et l'autre à Montréal.	_____	Le concours de Paris était beaucoup plus facile.
3. J'ai fait beaucoup de fautes à la dictée.	_____ _____	Je ne pouvais pas en éviter une seule.
4. Maintenant, je connais deux grandes villes, Montréal et Paris.	_____ _____	Je préfère habiter dans la ville où ma famille habite aussi, à Paris.
5. J'ai appris de nouveaux mots français avec les Québécois.	_____ _____	Les mots que j'aime le plus sont le verbe «magasiner»[1] et l'expression «donner un petit bec»[2].

Leçon 1

1 Trois copains → §1   Einsatz Leçon 1: Seite 3, vor Übung 2

Comparez les trois copains. Utilisez «plus, aussi, moins … que».

1. Marc   2. Victor   3. Patrick

1. Marc est _____ grand _____ Patrick.	4. Marc est _____ cool _____ Victor.
2. Victor est _____ grand _____ Marc.	5. Victor est _____ drôle _____ Patrick.
3. Patrick est _____ sportif _____ Marc.	

2 La fille la plus gentille → §1   Einsatz Leçon 1: Seite 3, vor Übung 2

Présentez ces personnages. Utilisez le superlatif.

1. professeur – sympa – école   2. voisine – bizarre – quartier   3. journaliste – intéressant – journal

Exemple: C'est le professeur   _____   _____
le plus sympa de l'école.   _____   _____

* **Diese sind auch kostenlos im Internet unter 523843-0001 zu finden,**
indem Sie den Online-Link in die Suchmaske auf www.klett.de eintragen.

quatre-vingt-dix-sept

97

Einfache Zusatzübungen

4. chiens – dangereux – rue   5. jolie – actrice – film   6. vendeur – sympa – marché

_____   _____   _____

_____   _____   _____

3 **L'imparfait, c'est facile.** → §2   Einsatz Leçon 1: Seite 4, vor Übung 3

a _Complétez le tableau._

présent	infinitif	première personne du pluriel	imparfait
Exemple: 1. j'ai	avoir	nous avons	j'avais
2. tu bois			
3. il finit			
4. elle peut			
5. nous crions			
6. vous commencez			
7. ils viennent			
8. elles répondent			

b _Mettez la forme correspondante (die entsprechende Form) de l'imparfait._

Exemple: 1. je suis j'étais	3. tu manges _____	5. nous voyons _____
2. if faut _____	4. il pleut _____	6. vous dites _____

Leçon 2

1 **Emma est triste.** → §6 Einsatz Leçon 2: Seite 11, vor Übung 2

Emma téléphone à sa copine Elodie. Elle lui raconte que son copain Nicolas est bizarre
depuis quelques jours et qu'elle ne comprend pas pourquoi.
Elle dit:

a *Complétez les phrases avec «ce qui, ce que».*

1. Je ne sais pas _____ se passe	3. Je voudrais savoir _____ je lui ai fait
et _____ il a.	et _____ l'énerve.
2. Je me demande _____ ne va pas.	4. Je ne sais pas _____ je peux lui dire.

 b *Pourquoi est-ce que Nicolas est bizarre? Vous avez une idée? Ecrivez dans votre cahier.*

_____

_____

2 **Des photos** → §7 Einsatz Leçon 2: Seite 12, vor Übung 3

Faites des deux phrases seulement une phrase. Remplacez les mots soulignés par «dont».

Après les vacances en Bourgogne, Christian montre des photos à sa copine Léa qui ne pouvait pas
l'accompagner à Beaune, parce qu'elle était malade.

Exemple: 1. Voilà deux copains. Je t'ai déjà parlé <u>de ces deux copains</u> hier.

   Voilà deux copains ___*dont je t'ai déjà parlé*___ hier.

2. Là, Mme Fritz nous montre le plan de Dijon. Nous avions besoin de <u>ce plan</u>.

   Là, Mme Fritz nous montre le plan de Dijon _____.

3. Voilà une photo de l'Hôtel-Dieu de Beaune. Je t'ai déjà envoyé une carte postale <u>de l'Hôtel-Dieu</u>.

   Voilà une photo de l'Hôtel-Dieu de Beaune _____.

4. Ça c'est Laure, la corres de Thomas. Thomas est très amoureux <u>de Laure</u>.

   Voilà Laure, la corres de Thomas _____.

5. Laure est une jolie fille. Le père de Laure travaille à l'Office de Tourisme de Chalon-sur-Saône.

   Laure est une jolie fille _____.

   _____.

Einfache Zusatzübungen

3 **Tu connais ta leçon?** → §8   Einsatz Leçon 2: Seite 12, vor Übung 3

Qu'est-ce que c'est? Qui est-ce? Mettez la bonne forme de «lequel» et répondez aux questions:

1. La maison dans _____ les jeunes ont passé leur première nuit en Bourgogne.

   C'est _____.

2. La fille pour _____ Thomas a fait une photo? _____ .

3. Le musée dans _____ les élèves ont vu les premiers appareils photos.

   _____.

4. Des bonbons sans _____ on ne peut pas quitter la Bourgogne.

   _____.

5. Les maisons sur _____ il y a des beaux toits de toutes les couleurs.

   _____.

Leçon 3

1 **Une lettre** → §9   Einsatz Leçon 3: Seite 20, vor Übung 3

a Ajoutez la forme féminine de l'adjectif et transformez les adjectifs en adverbes.

adjectif (m/f)	adverbe	adjectif (m/f)	adverbe
Exemple: 1. lent, _lente_	_lentement_	5. bon, _____	_____
2. meilleur, _____	_____	6. vrai, _____	_____
3. heureux, _____	_____	7. normal, _____	_____
4. long, _____	_____	8. mauvais, _____	_____

b *Complétez la lettre suivante par l'adverbe de la liste qui convient (das passt):*

Annie a passé un séjour chez sa correspondante allemande Julia.
Elle écrit une lettre à sa copine Louise.

> Toulouse, le 15 avril 2008
>
> Chère Louise,
>
> 1. J'ai _____ passé un bon séjour en Allemagne. 2. Pour aller à l'école, il fallait se lever
>
> _____ à six heures et on rentrait vers deux heures de l'après-midi.
>
> 3. Dans la famille, on discutait _____ mais _____ à table après les repas.
>
> 4. Les parents de ma correspondante voulaient toujours me parler en français mais ils ne le parlaient
>
> pas _____. _____ la mère de Julia le comprenait _____. 5. Alors, quand j'avais
>
> _____ compris une phrase, Julia et ses parents me parlaient _____ .
>
> J'ai appris beaucoup de choses. Et toi? Tu as aussi passé de bonnes vacances?
>
> Je t'embrasse   *Annie*

2 **Qu'est-ce qui s'est passe?** → § 14 Einsatz Leçon 3: Seite 23, vor Übung 7

Décrivez chaque image. Prenez pour chaque image un verbe dans le tableau.

| s'amuser | se cacher | se réveiller | se disputer | se laver | se moquer |

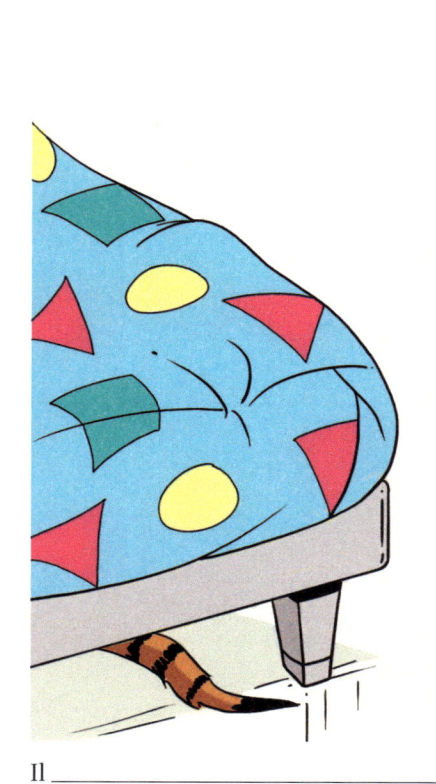

Il _____

_____ . _____ . _____ .

_____ _____ _____

_____ . _____ . _____ .

Einfache Zusatzübungen

Leçon 4

1 **Je n'oublie rien.** → § 16

Einsatz Leçon 4: Seite 31, vor Übung 2

Complétez.

	infinitif	futur simple
1. j'ai oublié	*oublier*	*j'oublierai*
2. nous voyions		
3. tu vas écrire		
4. ils ouvrent		
5. tu faisais		
6. vous courez		
7. il faut		
8. nous appelons		

2 **Projets de vacances** → § 17

Einsatz Leçon 4: Seite 31, vor Übung 2

L'école n'est pas encore finie,
mais Lili rêve déjà des vacances.

*Utilisez les mots suivants et racontez
le rêve de Lili au futur simple.*

1. Dans une semaine – je – être en vacances

   _____.

2. J' – avoir beaucoup de temps. – ne plus devoir travailler

   _____.

3. Nous – partir à la mer – aller à la plage.

   _____.

4. Deux de mes copains – venir avec moi.

   _____.

5. On – se lever – à 10 heures du matin

   _____.

6. Nous – prendre le petit déjeuner – sur la terrasse.

   _____.

7. Mais ma sœur – ne pas pouvoir partir – avec nous.

   _____.

8. Elle – aller – en Allemagne

   _____.

Leçon 5

1 **Qu'est-ce que tu crains?** → §22   Einsatz Leçon 5: Seite 41, vor Übung 4

a *Complétez le tableau. Mettez les verbes au présent.*

craindre	je _____ **1**	il _____	nous _____ **5**
_____	elle se plaint	vous _____ **2**	ils _____
_____	tu _____ **6**	il éteint	ils _____ **4**
_____	il peint **3**	tu _____	vous _____

b *Complétez. Mettez les verbes avec le chiffre bleu au temps demandé.*

1. (passé composé)   _____ le danger.

2. (imparfait)   _____ souvent de votre professeur.

3. (futur simple)   _____ le toit du garage.

4. (imparfait)   _____ la lumière.

5. (futur simple)   _____ l'interrogation de maths.

6. (passé composé)   _____ la lumière.

Module 1

1 **Le conditionnel, tu connais?** → §25   Einsatz Module 1: Seite 51, vor Übung 1

Complétez le tableau.

présent	imparfait	futur simple	conditionnel
1. je finis	je _____	je _____	_____
2. tu as	_____	_____	_____
3. il appelle	_____	_____	_____
4. elle ferme	_____	_____	_____
5. nous sommes	_____	_____	_____
6. vous voyez	_____	_____	_____
7. ils reçoivent	_____	_____	_____
8. elles viennent	_____	_____	_____

Einfache Zusatzübungen

2 **Si j'étais riche …** → §27   Einsatz Module 1: Seite 52, vor Übung 2

a *Complétez.*

1. Si mon père prépare le repas, _____

_____ .

2. Si tes parents ne sont pas d'accord, _____

_____ .

3. Si j'étais professeur, _____

_____ .

4. Si tu vivais à Paris, _____

_____ .

b *Trouvez un début pour les phrases suivantes.*

1. _____ , nous irons à la piscine.
2. _____ , tu ne peux pas aller à la fête.
3. _____ , je dormirais toute la journée.
4. _____ , vous seriez des élèves super.

3 **A Brignoles** → §28   Einsatz Module 1: Seite 52, vor Übung 3

Complétez le texte par «si» ou «quand».

1. _____ il fait trop chaud dans les salles de classe, les élèves ne veulent pas travailler.

2. Ils seraient heureux _____ ils pouvaient aller à la plage.

3. Les élèves ne font pas toujours attention _____ le professeur leur parle.

4. Mais _____ Delphine leur a donné des conseils sur le feu, ils ont très bien écouté.

5. Delphine serait contente _____ les gens ne fumaient pas dans la forêt.

6. _____ les gens voulaient éviter les feux, il faudrait respecter les conseils des pompiers.

Module 2

1 **Vous vous connectez.**

Révisez votre vocabulaire. Complétez le filet à mots.

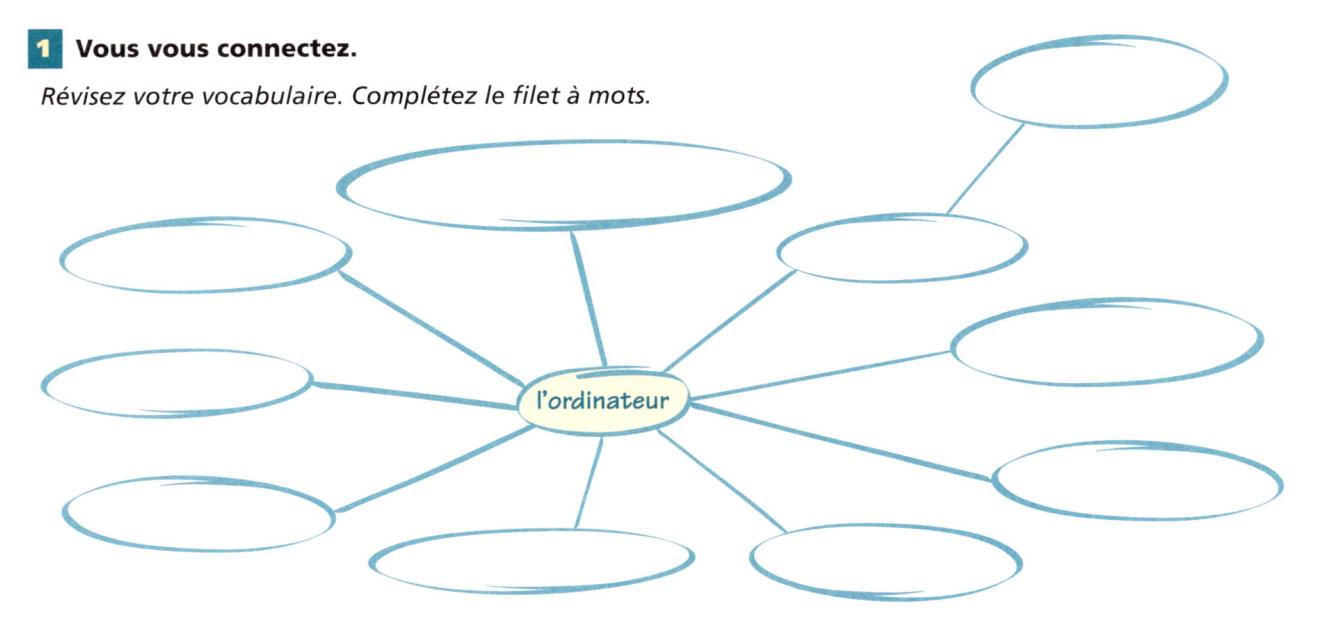